W0199089

Christa Kössner

Spiegelgesetz-Methode®-Jahresbegleiter

Christa Kössner

Spiegelgesetz-Methode® – Jahresbegleiter

ENNSTHALER VERLAG STEYR

www.ennsthaler.at

ISBN 978-3-85068-801-7

Christa Kössner · Spiegelgesetz-Methode®-Jahresbegleiter
Alle Rechte vorbehalten
Copyright © 2008 by Ennsthaler Verlag, Steyr
Ennsthaler Gesellschaft m.b.H. & Co KG, 4400 Steyr, Österreich
Layout & Satz: Ennsthaler Verlag, Steyr
Umschlaggestaltung: DIE BESORGER, Mediendesign & -technik, Steyr

INHALTSVERZEICHNIS

VORWORT

Die Idee eines zeitlosen Kalenders schlummerte schon länger in mir. Also begann ich, daran zu schreiben, und kam bis zum 16. Juni. Doch irgendetwas stimmte noch nicht am kontinuierlich wachsenden Manuskript. Ein Gefühl der Unzufriedenheit schlich sich manchmal in mein Gemüt. Oft wachte ich sogar mit dem Gedanken auf, das Projekt überhaupt ad acta zu legen und mich lieber einem anderen Buchtitel zu widmen! Wie du siehst, kam es nicht dazu. Als ich kürzlich mit meiner Hündin Gippsy im Aupark spazieren ging, lachte die Sonne vom Himmel und verzauberte die frische Schneedecke in ein glitzerndes Feld. Beim Anblick dieser unbeschriebenen, ja fast unschuldigen Weite, wusste ich plötzlich Titel und Inhaltsverzeichnis des vorliegenden Buches. Die Spiegelgesetz-Methode® als Jahresbegleiter zu formen, sah ich zusätzlich als Herausforderung, meine allseits bekannte Schnelligkeit für eine Weile ad acta zu legen und damit nicht nur mir selbst, sondern auch jenen Menschen eine Möglichkeit zu bieten, die es gerne langsam und gemütlich angehen. Der Jahresbegleiter eignet sich aber genauso gut für Leute, die mit der Spiegelgesetz-Methode® bereits vertraut sind, die aber trotzdem an bestimmten Tagen nachschlagen oder einen speziellen Punkt auffrischen möchten.

Die vier Schritte der Methode, auf 365 Tage aufgeteilt, scheinen mir in Summe ein wertvoller Tipp zu sein, den man leicht auch ohne Vorkenntnisse für sich selbst nutzen kann. Besonders dann, wenn umfangreiche Bücher weniger wünschenswert sind, können ein, zwei Ideen pro Tag zu fruchtbaren Geistesblitzen heranwachsen! Ich wünsche dir nun eine Portion Abenteuerlust und viel Freude mit der Spiegelgesetz-Methode® als deinem täglichen Begleiter!

Von Herzen

Christa Kössner

Jänner

Einstimmung auf das Spiegelgesetz

1. Jänner

Alles, was um mich ist, ist eine Spiegelung meines Bewusstseins. Jede Situation, in die ich gerate, und jeder Mensch, dem ich begegne, spiegelt immer nur **meine** Bewusstseins-Inhalte und damit Wesensanteile, die zu mir gehören.

2. Jänner

Ich brauche nur in mein Umfeld zu blicken, um **mich** zu erkennen. So einfach ist das.

3. Jänner

Mein Geist, meine Gedanken, meine Überzeugungen, meine Glaubensgrundsätze, meine Meinungen, Verbote und vor allem meine Beurteilungen rufen sämtliche Ereignisse in meinem Leben hervor. Nicht einige, sondern **alle**.

4. Jänner

Ich habe die große Chance, mich als Ganzes wahrzunehmen, indem ich feststelle: »Aha, das alles bin ich. Was ich da vor mir habe, ist in meiner geistigen Welt vorhanden. So denke ich … das glaube ich … und davon bin ich überzeugt …«

5. Jänner

Meine Lebensumstände und die Menschen, die darin vorkommen, ermöglichen mir einen **beherzten Blick auf mich selbst!** Und dafür bin ich dankbar.

6. Jänner

Manchmal kommt es vor, dass ich mit einem unangenehmen Spiegelbild konfrontiert bin. Trotzdem ist es wahr, dass ich dessen Erschaffer/Erschafferin bin. Ob mir das behagt oder nicht.

7. Jänner

Meine Gedanken haben die Tendenz, sich zu verwirklichen. Meine guten Absichten zeigen sich genauso an konkreten Tatsachen in meinem Leben wie meine geheimsten Befürchtungen und meine härtesten Urteile.

8. Jänner

Ich habe die **Macht, Tatsachen hervorzurufen.** Das ist Gottes größtes Geschenk an mich, verbunden mit allumfassender, nie enden wollender Liebe.

9. Jänner

Besonders im Spiegel der Menschen, die mir tagtäglich nahe sind, **liegt mein Potenzial.** Weil sie mir nicht nur meine Schokoladenseiten vor Augen halten, sondern mir auch geniale Wesensanteile zeigen, die bei mir im Schatten dahindämmern.

10. Jänner

Überall dort, wo ich zu einseitig geworden bin, sorgt mein eigenes Bewusstsein für den Ausgleich. Ich brauche mich daher nicht zu wundern, wenn ich von einem Extrem ins nächste stolpere.

11. Jänner

Vielleicht bin ich ZU nachgiebig, ZU gutmütig, ZU großzügig, ZU still? Habe ich etwa deswegen mit sturen, aggressiven Knauserern zu tun, die mir überlaut ihre Meinung aufzwingen wollen?

12. Jänner

Mein Bewusstsein ist gefüllt mit abertausenden Inhalten! Deshalb ist es verständlich und kein Grund zur Sorge, wenn ich nicht alle meiner Verbote, Urteile und Überzeugungen sofort benennen kann.

13. Jänner

Mein Einverstandensein, dass in meinem Geist ein kunterbuntes Durcheinander herrscht, genügt fürs Erste vollkommen. Mit dem Spiegelgesetz als treuem Begleiter kann mir letztendlich nur Gutes widerfahren. Gott hält mich doch sicher an seiner Hand!

14. Jänner

Ich habe das Recht, Ja oder Nein zu einem Spiegelbild zu sagen. Niemand mischt sich in meine persönlichen Entscheidungen ein, außer ich selbst … oder vielleicht doch andere, weil ich ihnen grünes Licht dafür signalisiere?

15. Jänner

Ich bin auf der Welt, um glücklich zu sein – nicht, um zu leiden. Das ist Gottes einziger Wunsch für mich! Mein Unglücklichsein liegt allein an dem, wie ich über mich selbst denke und was ich mir selbst wert bin.

16. Jänner

Es ist mein selbst konstruiertes, auf meine Vergangenheit bezogenes Selbstbildnis, mit dem ich mich manchmal herumplage und mich frage, warum muss ich mich abrackern? Warum habe ich nie genug Geld, nie genug Zeit für meine Hobbies? Warum quälen mich Symptome? Warum bin ich allein? Warum nur?

17. Jänner

So wie ich mich nach außen hin darstelle, sehen mich die Menschen als deren Spiegelbild. Nicht jeder ist ein Schatzsucher. Und nicht jeder ist feinfühlig genug, um die zarten Impulse meines Herzens wahrzunehmen.

18. Jänner

Im Spiegel realisiere ich immer nur das, worauf sich meine Gedanken konzentrieren. Welch wunderbare Gelegenheit … welch **große Chance für mich!**

19. Jänner

So, wie ich mit anderen Lebewesen umgehe, behandle ich mich selbst. Schreie ich zum Beispiel wutentbrannt meine Kinder oder meinen Stubentiger an, bedeutet das →Ich bin wütend auf mich selbst.

20. Jänner

Was ich von anderen fordere, fordere ich auch von mir selbst. Vielleicht möchte ich mich heute meinen Erwartungen stellen? Sie überprüfen und danach ins rechte Lot bringen?

21. Jänner

Meine Lebensumstände sind ein perfekter Spiegel meiner selbst! Will ich andere Spiegelbilder in meinem Leben sehen, müsste ich meine Geisteshaltung revidieren … und eventuell ein paar Inhalte mit einem Dankeschön verabschieden.

22. Jänner

Negative Emotionen, wie Ärger, Neid, Eifersucht, Zorn, Wut, Hass, sind immer Zeichen dafür, dass ich in einem gewissen Punkt – und zwar in dem, wo diese Gefühle hochkommen – negativ denke. Ich brauche also nur in den Spiegel zu schauen, welche Szenerie es ist, die ich so lieblos beurteile.

23. Jänner

Solange ich Kränkungen von früher nicht als meinen eigenen Wunsch, als meinen eigenen Willen (!) erkenne … so lange habe ich nicht vergeben … und so lange bleibe ich deren Opfer.

24. Jänner

Ich habe jeden Tag die freie Wahl, Opfer einer beliebigen Situation zu sein oder mich als deren Autor zu begreifen – welch geniale Chance für mich! Danke.

25. Jänner

In einem Kosmos herrschen Ordnung und Weisheit. Deswegen sind wahllose Zufälle in meinem Leben unmöglich. Was mir zufällt, das **soll** mir zufallen! In der Funktionsweise eines göttlichen Gesetzes kommen Irrtümer weder im Guten noch im Unangenehmen vor.

26. Jänner

Wenn es stimmt, dass ich nur auf der Welt bin, um glücklich zu sein, weswegen sorge ich mich dann? Wovor habe ich so große Angst, dass ich auf mein Glücklichsein verzichte?

27. Jänner

Ich habe einen freien Willen, da mein Geist Teil des allumfassenden Geistes ist, den wir Gott nennen. Ist mein freier Wille gehemmt, kann ich meine Angst vor Gott – vor der Liebe! – darin gespiegelt sehen.

28. Jänner

Im Grunde gibt es nur zwei Grundhaltungen: Liebe oder Angst. Wann immer ich mich fürchte, habe ich der Liebe den Rücken gekehrt und glaube allein deswegen, Gott hätte auf mich vergessen. Ein Ding der Unmöglichkeit! Warum? Weil das Universum eine verkörperte Gottidee ist, von der auch ich ein Teil bin.

29. Jänner

Meinen Ängsten könnte ich auch dankbar sein, anstatt sie zu negieren. Weil sie Wegweiser für mich sind, die mich spüren lassen, wo ich noch zu wenig Liebe für mich selbst aufbringe.

30. Jänner

Alles, was um mich ist, sind Spiegelungen meines Wesens in seiner Gesamtheit. Ob es sich um eine welke Zimmerlinde handelt, um den kläffenden Nachbarshund oder um meine/n Partner/in, ist im Sinne des Spiegelgesetzes gleichgültig. Es kommt nur darauf an, **ob** ich mich darin erkennen möchte.

31. Jänner

Heute will ich eine Entscheidung treffen. Ich bin bereit, den beherzten Entschluss zu fassen, mich im Spiegel der Menschen, die mich berühren, erkennen zu wollen. Im Positiven wie im Negativen. Ich bin offen dafür, meine Schattenseiten als Stärken zu entlarven, und mutig genug, meine lieblosen Urteile und Glaubenssätze ans Licht zu bringen. Mit Gottes Hilfe schaffe ich das leicht! Und dafür bin ich dankbar.

Februar

Spiegelgesetz-Methode® – Schritt 1:
Beschreiben

1. Februar

Was genau ist ein Spiegelbild? Wo soll ich hinsehen? Woran erkenne ich, welche Spiegelung wichtig für mich ist? Aha … Spiegelbilder, die eine Botschaft **für mich** haben, fallen mir auf – angenehm oder unangenehm.

2. Februar

Spiegelbilder können Personen sein, Krankheitssymptome, Tiere, das Auto, der Computer, das Bankkonto, aber auch Situationen oder Zufälle, die mein Innerstes bewegen oder gar aufwühlen. Darauf möchte ich heute besonders achten.

3. Februar

Familienangehörige, die mir nahe stehen, oder Personen, mit denen ich täglich zu tun habe, halten mir bestimmte Eigenschaften vor Augen, die auch ich habe. Aha, so ist das! Diesen Hinweis lasse ich heute wirken …

4. Februar

Ärgere ich mich über bestimmte Verhaltensweisen anderer Personen, kann ich sicher sein, die für mich aktuelle Botschaft finden zu können! Auch wenn ich noch gar nicht weiß, wie.

5. Februar

In sämtlichen Eigenschaften und Verhaltensweisen, die ich an anderen Menschen ablehne, liegt **mein** Potenzial, finde ich **meine** Stärken. Oh, das macht mich neugierig!

6. Februar

Wenn ich möchte, kann ich meinen Haustier-Spiegel beschreiben … oder mein Übergewicht … oder mein Krankheitssymptom … und selbst das, was mich an meinem Computer stört. Weil es gleichgültig ist, wohin ich schaue, um **mich** zu erkennen.

7. Februar

Was immer es ist, das mich gefühlsmäßig aus meiner friedlichen Mitte reißt, es bleibt mir überlassen, wie ich damit umgehen möchte. Ich habe die Freiheit der Entscheidung, in ein emotionales Loch zu fallen oder nach meinem »Geschenk« zu suchen.

8. Februar

Es gibt nur scheinbar etwas »Negatives«. Scheinbar deswegen, weil ich aufgrund meiner eigenen, getrübten Vergangenheitsbrille x-beliebige Ereignisse in negative Ereignisse verzaubere. Aha, so ist das!

9. Februar

Wenn es stimmt, dass im Grunde nichts wirklich Negatives existiert, weil dieses »Negative«, das ich wahrnehme, nur in meinen vergangenheitsorientierten Gedanken existiert, macht mich das schon sehr neugierig …

10. Februar

In **meiner Beschreibung** dessen, was mich stört, ärgert, aufregt, verunsichert oder traurig stimmt, kann ich einen wahren Schatz für mich finden, natürlich nur, wenn ich möchte.

11. Februar

Das Geschenk, die Liebesbotschaft, den Schatz … aus negativen Spiegelungen finde ich allein in **meinen** Worten!

12. Februar

Das Geschenk, die Liebesbotschaft, den Schatz … aus negativen Spiegelungen finde ich weder in einer Tabelle noch in der Meinung anderer Personen, weil **mein** Geist – **mein** Bewusstsein – am besten über mich Bescheid weiß. Aha, so ist das!

13. Februar

In meinem Bewusstsein wohnen abertausende Ideen und Gedanken, Urteile und Verbote, Glaubenssätze und Überzeugungen und die Weisheit Gottes. Bedingungslose, unendlich große Liebe und Güte stehen mir zur Verfügung!

14. Februar

Wie ist das nun mit dem »Beschreiben«? Wo fange ich am besten an? Welches Spiegelbild soll ich nehmen? Oh, da klingelt etwas in mir … das lasse ich heute noch wirken … mal sehen …

15. Februar

Negative Spiegelungen wiederholen und verstärken sich so lange, bis ich bereit bin, die wahre Botschaft zu entschlüsseln und anzunehmen. Ich brauche also nicht meine Kindheit zu beschreiben, weil ich ohnehin **jetzt** ein dementsprechendes Spiegelbild vor Augen habe. Interessant.

16. Februar

Beschreiben dessen, was mich aufregt, aber wie? In Sätzen? Als Geschichte? Lang oder kurz? Die Zauberworte hiezu heißen: WIE und WAS. Wie benimmt sich mein Chef? Meine Partnerin? Wie sieht mein Symptom aus? Was tut meine Katze und was stört mich daran? Wie reagiert mein Auto? Was erlaubt sich mein Computer?

17. Februar

Die wahren Botschaften aus unangenehmen Spiegelbildern kann ich anhand der Frage nach dem WARUM nicht herausfinden. Weil mich dieses WARUM nur ins Grübeln und Analysieren bringt. Das darf ich natürlich – aber es verändert nichts!

18. Februar

Was tun, wenn mir beim Beschreiben meines Spiegelbildes nicht die richtigen Worte einfallen? Antwort: Die Worte, die **mir** angesichts meiner (zB faulen) Tochter, meines (zB egozentrischen) Partners oder meines (zB ungehorsamen) Hundes einfallen, sind **immer** richtig und daher ausschlaggebend für mich!

19. Februar

Beschreiben eines Spiegelbildes ist eine sehr persönliche, individuelle Angelegenheit. Immer sind es meine selbst gewählten Worte, die die Wahrheit ans Licht bringen!

20. Februar

Ich darf – soll es mir sogar! – erlauben, beim Beschreiben meines aktuellen Spiegelbildes auch jene deftigen, negativen Wörter zu verwenden, die mir als Erstes in den Sinn kommen … weil genau darin mein Geschenk verborgen liegt!

21. Februar

Was tun, wenn mir beim Beschreiben meines Partners oder einer anderen nahe stehenden Person ein Schimpfwort einfällt? Antwort: Auch in Schimpfwörtern verbirgt sich für mich eine wichtige Botschaft. Aha, so ist das.

22. Februar

Was tun, wenn mir der Mut fehlt, meinen Riesenberg an negativen Beschreibungen und Beschimpfungen auszusprechen? Antwort: Trotzdem notieren und aufbewahren.

23. Februar

Was tun, wenn sich im Augenblick nur angenehme, schöne Spiegelungen in meinem Leben zeigen? Antwort: Danke sagen und einen herzenswarmen Luftsprung machen!

24. Februar

Ich meine allmählich zu wissen, welches Spiegelbild mich zurzeit am meisten stört, weil es mich ärgert, verunsichert oder aufregt. Dieses Spiegelbild will ich heute beschreiben und mir ein paar Notizen dazu machen.

25. Februar

Heute prüfe ich meine Notizen noch einmal. Habe ich mich an die Spielregeln gehalten? Habe ich (hoffentlich) nicht nach dem »Warum« gefragt, sondern meine Beschreibung auf das »WIE ist das Spiegelbild« und »WAS tut es« konzentriert? Möchte ich noch etwas hinzufügen?

26. Februar

Nicht nur Personen besitzen Eigenschaften und spiegeln mir Verhaltensweisen … sondern auch Krankheitssymptome, Autodefekte, kaputte Elektrogeräte, Computer und Haustiere sowieso. Das bedeutet, dass ich auch bei Symptomen … Autoschäden … Computerproblemen … und Ähnlichem … nach dem WIE und WAS fragen soll! »WIE fühlt sich mein (steifer) Knöchel an? WAS genau erlaubte sich mein PC, als der Bildschirm schwarz blieb?«

27. Februar

Gibt es bei Schritt 1 der Spiegelgesetz-Methode® = BESCHREIBEN eine Regelung bezüglich der Anzahl von Eigenschaften und Verhaltensweisen des zu beschreibenden Spiegelbildes? Antwort: Das erste (negative) Wort, das mir einfällt, genügt meistens. Es dürfen aber auch mehrere (störende) Eigenschaften und Verhaltensweisen sein.

28. Februar

Wie weiß ich, welches Spiegelbild ich beschreiben soll, wenn es mehrere unangenehme gibt? Antwort: Ich nehme das, was mich derzeit am meisten aufregt! Ob das eine Person ist, ein Krankheitssymptom, mein Stubentiger oder ein verlorener Autoschlüssel … ist für das Finden der wahren Botschaft nebensächlich.

29. Februar

Den heutigen Schalttag erkläre ich zum Freudentag. Ich erledige, was nötig ist, und bereite mir selbst auch eine kleine oder große Freude, indem ich mir einen lang gehegten Wunsch erfülle!

März

Spiegelgesetz-Methode® – Schritt 1: Beschreiben

1. März

Heute fasse ich zusammen, was mir bis jetzt von Schritt 1 im Gedächtnis geblieben ist, und mache mir Notizen. Auch will ich entscheiden, welches aktuelle Spiegelbild ich zum Beschreiben und infolgedessen zum Entschlüsseln wähle.

2. März

Worte sind mächtig. Und deswegen ist es so wichtig, dass ich wirklich bei **meiner** Beschreibung bleibe und den Mut aufbringe, selbst harte oder ordinäre Worte vor mir selbst auszusprechen und diese zwecks späterer Umwandlung zu notieren.

3. März

Jede von mir negativ beschriebene Eigenschaft und jedes von mir negativ beurteilte Verhalten trägt in sich etwas Positives. Und dort – in diesem **positiven Kern** – finde ich meinen Schatz. Dabei handelt es sich immer um einen **Wesenszug von mir,** den ich unterdrücke.

4. März

Beispiel zum Beschreiben einer Person:

Wie ist diese Person (die mich so ärgert, aufregt …)? Möglichkeiten →
faul, unpünktlich, schlampig, unverlässlich, primitiv, hektisch, laut, schmutzig …

Was tut diese Person (die mich verunsichert, aggressiv macht…)? Möglichkeiten →
kümmert sich um nichts, stumm wie ein Fisch, Elefant im Porzellanladen, Grobian …

5. März

Beispiel zum Beschreiben eines Krankheitssymptoms:

Wie ist mein Symptom? Möglichkeiten →
geschwollen, heiß, verkrümmt, offen, gebrochen, steif, heiß …

Was genau tut mein Symptom? Möglichkeiten →
weckt mich nachts, kommt und geht, wie es will, bläht sich auf, stoppt mich …

6. März

Beispiel zum Beschreiben eines Autodefekts:

Wie geschah der Defekt? Möglichkeiten →
konnte nicht mehr bremsen, musste ohne Licht fahren, kam nur extrem langsam weiter, Fahrertür klemmte, Autoradio stumm …

Was genau passierte dann? Möglichkeiten →
fuhr in ein Gebüsch und kam zum Stehen, Notbremsung am Straßenrand, kam zu spät ans Ziel, konnte nicht aussteigen, musste plötzlich an (Name) denken …

7. März

Beispiel zum Beschreiben eines Haustiers:

Wie ist mein Hund (der mich aus der Reserve lockt)? Möglichkeiten →
ungehorsam, wild, unterwürfig, launisch, dominant, ängstlich …

Was tut meine Katze (die mich so nervt)? Möglichkeiten →
tobt durch die Zimmer, verliert Haare, pisst aufs Bettzeug, sie macht, was sie will …

8. März

Beispiel zum Beschreiben eines defekten Elektrogerätes:

Wie geschah der Defekt? Möglichkeiten →
veraltete Sicherungen, ist heiß gelaufen, Kabel durchgebrannt …

Was genau passierte dann? Möglichkeiten →
Dunkel im Schlafzimmer, Kurzschluss, nichts ging mehr …

9. März

Beispiel zum Beschreiben eines Computerproblems:

Wie zeigte sich das Problem? Möglichkeiten →
schwarzer Bildschirm, Verbindung zum Netz unterbrochen …

Was genau passierte dann? Möglichkeiten →
Wutanfall und Blackout, fühlte mich von Gott und der Welt verlassen …

10. März

Heute schließe ich die Beschreibung meines aktuellen Spiegelbildes ab. Ich prüfe ein letztes Mal, ob ich wirklich alle lieblosen Worte notiert habe, die mir in den Sinn kamen, und füge möglicherweise noch etwas hinzu.

11. März

Meine Neugierde wächst von Tag zu Tag. Ich freue mich auf den Schatz, den ich in meinen eigenen Worten finden darf!

12. März

Wenn es so ist, dass die Wahrheit in meinen eigenen Worten liegt, bedeutet das für mich, dass ich selbst ohne fremde Hilfe imstande bin, negative Spiegelbilder in meinem Leben zu entschlüsseln? Antwort: Stimmt.

13. März

Die Spiegelgesetz-Methode® ist für jedermann ohne Vorkenntnisse leicht anwendbar.

»Deine kleine Bereitwilligkeit genügt.«

(aus: Ein Kurs in Wundern)

14. März

Ich muss die Spiegelgesetz-Methode® nicht verstehen, um die wahre Botschaft zu empfangen. Ich brauche bloß einen Schritt nach dem anderen zu tun!

Schritt 1 Beschreiben.

Schritt 2 Akzeptieren und Entschlüsseln.

Schritt 3 Danken und Aufgeben.

Schritt 4 Neue Idee.

15. März

Die Beschreibung meines Spiegelbildes liegt vor mir. Solange ich möchte, kann ich meine Worte wirken lassen. Tauchen Szenen aus meiner Vergangenheit auf, lasse ich sie vorüberziehen. Weil mir klar geworden ist, dass sich nicht vergebene Ereignisse von früher im **Jetzt** spiegeln!

16. März

In einer von Gott geschaffenen Welt gibt es nur »richtige« Gesetzmäßigkeiten. Willkürliche Zufälle haben in einem Kosmos nichts verloren. Mein beschriebenes Spiegelbild ist daher genau »richtig«. Weil ich es **jetzt** vor Augen habe, kann ich es auch **jetzt** aus seinem Bann befreien!

17. März

Negative Eigenschaften oder Verhaltensweisen existieren aus spiritueller Betrachtung heraus nicht. Sie erscheinen nur **mir** so abwegig … so extrem übertrieben … so unmöglich … weil ich mir selbst nicht erlaube, zumindest einen Hauch der gespiegelten Eigenschaft auszuleben. Aha, so ist das!

18. März

Je größer meine Ablehnung gegen bestimmte Eigenschaften oder Verhaltensweisen desto heftigere Spiegelbilder habe ich vor Augen. Nicht aus dem Grund, weil Gott mich bestrafen möchte, sondern einzig und allein deswegen, damit mir ein gewisses Verhalten (das auch meines ist) auffällt.

19. März

Jede (von mir) negativ beschriebene Eigenschaft, alle (von mir) lieblos beurteilten Situationen sind nichts anderes als eine Anhäufung verzauberter Worte.

20. März

Ich habe das Potenzial, **verzauberte Worte aus ihrem Bann zu erlösen.** Gott gab mir sowohl die Freiheit wie auch die Berechtigung, aus (von mir) negativ beschriebenen Spiegelbildern etwas Neues, Wunderbares über mich selbst zu erfahren!

21. März

Die schonungslos ehrliche Beschreibung meines aktuellen Spiegelbildes beinhaltet somit ein Wunder für mich. Danke.

22. März

Da ich in spiritueller Hinsicht vollkommen bin, **muss in mir ein Potenzial** an nicht ausgelebten Wesenszügen **schlummern**, die endlich ans Tageslicht wollen!

23. März

Alle meine Eigenschaften sind Gottesgeschenke, die ich nützen soll! Nehme ich an anderen Personen lieblose Eigenschaften wahr oder beurteile ich x-beliebige Situationen negativ, kann ich sicher sein, mit **unterdrückten Stärken** von **mir** konfrontiert zu sein.

24. März

In der negativen Beschreibung meines Spiegelbildes liegt also mein ungenütztes Potenzial … finde ich meine Stärken … entdecke ich mich selbst … finde ich zu meinem wahren Ich!

25. März

In der positiven Beschreibung von Spiegelbildern in meinem Leben sehe ich mein »Ja zu mir selbst« bestätigt. Denn Eigenschaften, die ich an anderen Menschen gutheiße oder bewundere, schätze ich auch an mir selbst!

26. März

Meine Freude wächst und auch meine Neugier! Immer mehr wird mir bewusst, dass alles in meinem Leben gut und richtig ist.

27. März

Es scheint so zu sein, dass ich die jetzt in meinem Leben präsenten Spiegelbilder brauche. Ich brauche sie genau so, wie sie sich mir zeigen. Ich erkenne immer besser, dass sich Geschenke für mich zeigen wollen, die ich früher nicht wahrgenommen habe.

28. März

Ein letztes Mal studiere ich heute die Beschreibung meines Spiegelbildes, das ich entschlüsseln möchte. Eventuell füge ich noch etwas hinzu.

29. März

Ich bin voll Erwartung und Staunen, welche liebevollen Botschaften sich bald für mich zeigen werden. Womöglich entdecke ich neue Eigenschaften an mir, die zu meinen größten Stärken zählen!

30. März

Ich bin von Herzen bereit für die nächsten Aktionen.

31. März

Danke, dass ich mich staunend wie ein kleines Kind auf das erquickliche Abenteuer des zweiten Schrittes der Spiegelgesetz-Methode® einlassen darf. Meine Freude ist groß, wo ich doch schon weiß, dass mich nur Gutes erwarten kann!

April

Spiegelgesetz-Methode® – Schritt 2: Akzeptieren

1. April

Jetzt geht es darum, das von mir beschriebene Spiegelbild zu akzeptieren. Was bedeutet das? Antwort: Verantwortung dafür zu übernehmen.

2. April

Es liegt in **meiner** Verantwortung, ein solches (liebloses) Spiegelbild vor Augen zu haben? Ja. Weil es **meine** Gedanken, **meine** Überzeugungen und **meine** Urteile sind, die eben genau dieses Spiegelbild hervorgerufen haben.

3. April

Selbstverständlich könnte ich so tun, als ginge mich das Ganze nichts an. Das steht mir frei. Allerdings müsste ich dann auf mein »Geschenk« verzichten. Möchte ich das?

4. April

Unangenehme Spiegelungen als die eigenen zu akzeptieren scheint nur anfangs etwas schwierig zu sein. Ab dem Moment, in dem ich mich **als deren Erfinder/ Erfinderin** erkenne, bin ich schon ein großes Stück weiter gekommen!

5. April

Ich bin es, der/die alles in meinem Leben genau so will, wie es ist. So hört sich wahrhaftige Akzeptanz an.

6. April

Letztlich geht es darum, ein negatives Glaubensmuster zu verabschieden. Damit mir das gelingt, muss ich aufrichtig für die notwendigen **Schritte davor** bereit sein – und ein solcher Schritt ist das Akzeptieren des von mir beschriebenen Spiegelbildes.

7. April

Mehrere Möglichkeiten stehen mir zur Verfügung. Ich kann meine Akzeptanz aufschreiben oder laut singen. Ich kann sie meinem besten Freund erzählen, ein Gedicht daraus formen oder ein Gebet sprechen.

8. April

Meine Akzeptanz könnte mit den Worten beginnen →
»**Ich brauche** meinen (hektischen) Chef … meinen (unverlässlichen) Partner … etc. genau so, wie er sich mir zeigt.«

Oder:

»**Ich will** die (bedrohliche) Situation genau so, wie sie ist.«

Oder:

»**Ich bin es,** die jene (hinterhältige) Person (Name) in mein Leben gerufen hat.«

9. April

Auch Krankheitssymptome gilt es zu akzeptieren. Durch vollkommene Annahme schaffe ich beste Voraussetzungen für meine Heilung.

10. April

Akzeptieren bedeutet annehmen. Annehmen bedeutet lieben. Und **nur was ich liebe, kann ich gehen lassen.**

11. April

Noch vor dem Entschlüsseln der unangenehmen Spiegelung ist es meine Aufgabe, das von mir beschriebene Spiegelbild als **Teil von mir** zu lieben.

12. April

Alles von mir spiegelt sich im Außen! Wesenszüge, die mir gefallen. Eigenschaften, die ich gutheiße. Verhaltensweisen, die ich unterdrücke. Wie auch immer – handelt es sich **ausnahmslos um mich**, der/die sich gespiegelt sehen darf.

13. April

Akzeptanz gelingt mir leicht, wenn ich liebe … Wenn ich ausnahmslos **alles an mir** selbst liebe.

14. April

Mich in meiner Gesamtheit zu lieben, zu achten und wertzuschätzen, mit allen (guten) und (schlechten) Eigenschaften, ist keine Hexerei – solange ich echt, ehrlich und authentisch bleibe – egal, was andere dazu meinen.

15. April

Heute widme ich mich der Beschreibung meines Spiegelbildes und dessen vollkommener Akzeptanz. Es wird mir immer bewusster, dass **ich** es war und bin, der/die Situation nicht nur hervorgerufen hat, sondern das Geschehen genau so wollte. Stimmt das wirklich?

16. April

Kann es sein, dass ich unbewusst in bestimmte Situationen geraten **will**, obwohl ich mir diese niemals freiwillig aussuchen würde? Ja mehr noch, obwohl ich sie nicht einmal meinen schlimmsten Konkurrenten wünsche? Antwort: Ja, so ist es.

17. April

Warum will ich etwas erleben, das mir nicht gefällt? Warum will ich in Ereignisse verwickelt sein, die mich schwächen? Antwort: Weil ich zu 90 % vergangenheitsbezogen agiere und reagiere. Und das will ich so.

18. April

Allmählich begreife ich, womit meine Akzeptanz außerdem noch zu tun hat. Ich bin in bestimmten Punkten blind mir selbst gegenüber, weil ich auf (negative) frühere Erfahrungen anknüpfe. Akzeptanz muss demnach mit Vergebung zu tun haben!

19. April

Die meisten meiner Gedanken beruhen auf früheren Erfahrungen. Solange ich mit meinen Gedanken bei diesem Konsens bleibe, werde ich mit Spiegelbildern konfrontiert sein, die scheinbar meine (lieblose, schlimme, schmerzhafte, arme …) Vergangenheit bestätigen.

20. April

Ich scheine ziemlich hartnäckig zu sein, was meine Vergangenheit betrifft, wenn ich die Beschreibung meines aktuellen Spiegelbildes zur Hand nehme und durchlese. Es wird mir immer klarer, dass ich es bin, die das entsprechende Ereignis von früher noch immer nicht vergessen hat.

21. April

Spiegelbilder können ganz schön nervenzermürbend sein. Dennoch findet sich etwas Wunderbares darin. Meine vollkommene Akzeptanz, diese bestimmte unangenehme Situation **selbst so gewollt** zu haben, befreit mich augenblicklich aus der Opferrolle!

22. April

Wenn es so ist, dass ich aufgrund negativer Gedanken – beruhend auf früheren Erfahrungen – entsprechend »negative« Spiegelungen hervorrufen kann … dann muss es doch genauso möglich sein, andere … erfreuliche … glücklich stimmende … Tatsachen in mein Leben zu holen!

23. April

In meinem Bewusstsein tummeln sich abertausende Gedanken, Überzeugungen, Urteile und Verbote. Manche davon sind mir bewusst, andere nicht. In Summe bringt alles Geistige dementsprechende Ereignisse hervor, die daher als **meine** Spiegelbilder zu werten sind.

24. April

Das Geniale am Spiegelgesetz ist Folgendes: Ich darf mich immer und überall sehen! Und damit habe ich die großartige Chance, nicht nur meine besten Eigenschaften zu erkennen, sondern auch mein eigenes, liebloses Denken zu enttarnen!

25. April

Ich weiß jetzt immer klarer, dass ich mein aktuell beschriebenes Spiegelbild selbst produziert habe. Weil das Ereignis auf einem (lieblosen) Gedanken … auf einer (negativen) Überzeugung … auf einem (harten) Urteil von **mir** beruht! **Damit** rief ich das Spiegelbild hervor … also wollte ich es so …!

26. April

Heute nehme ich mir Zeit, Zeit für mich selbst. Ich bin aufrichtig bereit, das aktuell beschriebene Geschehen vor meinen Augen als meinen eigenen Willen (!) anzunehmen.

27. April

Die sich ergebenden Mußestunden nütze ich heute für ein Selbstversprechen: Nachdem mir Gott – Kraft meiner Gedanken – die Macht verlieh, Tatsachen hervorrufen zu dürfen, will ich ab jetzt viel mehr auf meine Gedanken achten!

28. April

Möchte ich meine Akzeptanz aufschreiben? Oder lieber jemandem erzählen? Will ich ein Lied daraus texten oder ein Gedicht? Oder lieber zu meinem Lieblingsbaum spazieren, der mir immer zunickt, wenn ich ihm etwas erzähle?

29. April

Ich bin mir darüber bewusst, dass es in meinem Geist einen lieblosen Glaubenssatz oder ein hartes Urteil geben muss, mit dem ich mich selbst in eine missliche Lage gebracht habe!

30. April

Ich akzeptiere mich als Verursacher/Verursacherin der jetzt gegebenen Situation.

Zwar weiß ich noch nicht, wie es weitergeht, aber ich bin neugierig und dankbar.

Mai

Spiegelgesetz-Methode® – Schritt 2:
Akzeptieren und Entschlüsseln
Entschlüsseln der wahren Botschaft

Mai ______________________________

1. Mai

Nur das, was ich als **meinen eigenen Willen** erkenne und annehme, kann ich verändern, das ist mir jetzt bewusst.

2. Mai

In jedem unangenehmen Spiegelbild verbirgt sich ein »Geschenk« für mich. Dieses Geschenk kann ich auch »Liebesbotschaft« nennen, falls mir das besser gefällt.

3. Mai

Heute will ich mich fragen, ob ich zum Empfangen einer Liebesbotschaft bereit bin. Wie sieht es bei mir mit dem Annehmen von Geschenken aus? Tue ich mir leicht damit? Oder fühle ich mich eher dazu veranlasst, im Gegenzug etwas leisten zu müssen?

4. Mai

Die wahre Botschaft – mein Geschenk – aus dem von mir beschriebenen und akzeptierten Spiegelbild ist bereits da. Ich bin voller Erwartung und Staunen, was sich für mich zeigen wird!

5. Mai

Um die wahre Botschaft für mich zu entschlüsseln, brauche ich nur ganz wenig. Im Grunde genügt eine Portion Kreativität vermischt mit einer Prise Leichtigkeit und gewürzt mit einem wohl gefüllten Schöpfer Bereitwilligkeit!

6. Mai

Das Entschlüsseln negativ beschriebener Spiegelbilder beruht auf einer kleinen Wortspielerei … Das soll alles sein? Antwort: Das ist der Anfang.

7. Mai

Indem ich die negativen Eigenschaftswörter in meiner Beschreibung hervorhebe, sie unterstreiche oder markiere, sehe ich klar und deutlich mein **noch verzaubertes Geschenk.** Dabei handelt es sich um Eigenschaften oder Wesenszüge von mir.

8. Mai

Jedem einzelnen negativen Wort widme ich meine ungeteilte Aufmerksamkeit. Einem nach dem anderen … Ich beginne mit der ersten Eigenschaft … die **mir** so abwegig oder verachtenswert erscheint. Das soll eine Eigenschaft von mir sein oder gar eine Stärke?

9. Mai

Es kann sein, dass sich mein Innerstes jetzt aufbäumt. Das ist vollkommen okay, alles darf sein! Mein Widerstand ist ja gerade **das** Zeichen dafür, dass der ungute Zauber, den ich auch »Glaubens- oder Verhaltensmuster« nennen kann, endlich erlöst werden möchte.

10. Mai

Ich lasse *das erste lieblose Wort* in der Beschreibung meines aktuellen Spiegelbildes auf mich wirken, lasse sämtliche begleitenden Gedanken vorüberziehen und frage mich dann: »Was kann jemand besonders gut, der diese Eigenschaft besitzt? Um welche Begabung, um welche Stärke, handelt es sich, wenn ich **mit** Liebe auf dieses Verhalten schaue?«

11. Mai

Negative Spiegelbilder zu entschlüsseln ist eine individuelle, überaus kreative Angelegenheit, die enorm viel Spaß bereiten kann!

12. Mai

Das Entschlüsseln der wahren Botschaft gelingt mir noch leichter, wenn ich zwischendurch die Augen schließe und mir Bilder vorstelle, die zu meiner kreativen Selbstbefragung passen: »Welches Talent hat jemand, der diese (von mir negativ beschriebene) Eigenschaft mit Freude auslebt?«

13. Mai

Zum Entschlüsseln der wahren Botschaft stehen mir mehrere Alternativen der Selbstbefragung zur Verfügung. Fällt mir absolut nichts Positives ein, wenn ich mir eine Person mit eben dieser besagten, negativen Eigenschaft vorstelle, wähle ich einfach ein Tier, das zu meiner Beschreibung passt. »Was kann dieses Tier besonders gut? Worin liegt seine große Stärke?«

14. Mai

Langsam wird mir klar, was die Fragerei nach dem Besonderen – dem positiven Kern – in einer negativen Eigenschaft bringt. Ich soll in dieser von mir verurteilten und daher negativ beschriebenen Eigenschaft etwas Gutes finden!

15. Mai

An sich gibt es keine »schlechten« Eigenschaften. Wenn ich jedoch innerlich gegen etwas Bestimmtes rebelliere, zum Beispiel gegen Faulheit, dann ist es vom Spiegelgesetz her logisch, wenn ich Faulheit im negativen Sinn wahrnehme, **anstatt mein eigenes Ruhebedürfnis** zu erkennen.

16. Mai

Im Spiegel kann ich immer nur mich selbst sehen. Ob mir das passt oder nicht. Besonders dann, wenn mir etwas **nicht** gefällt, bin ich mit einem Wesenszug konfrontiert, den ich mir selbst nicht erlaube, obwohl er als Potenzial in mir schlummert.

17. Mai

Also … was kann jemand besonders gut, der …? Oder: Welches Tier fällt mir zu meiner Beschreibung ein und worin liegt seine Stärke? Oder nehme ich lieber einen Gegenstand oder eine Maschine … der/die zu meinem ersten negativen Wort passt … Was ist das Tolle an diesem Gegenstand? Oder: Was kann diese Maschine?

18. Mai

Selten gelingt das Entschlüsseln der wahren Botschaft – des Geschenks – ohne den kleinen Umweg, sich eine fremde Person, ein Tier oder einen Gegenstand vorzustellen. Die eigenen, oft heftigen Emotionen gegen verhasste Eigenschaften von Partnern, Nachbarn, Kindern etc. lassen im Augenblick kaum zu, etwas Gutes und Positives darin zu finden.

19. Mai

Es ist wahr, dass jede noch so unmögliche, widerwärtige Eigenschaft einen positiven Kern besitzt! Diesen Kern zu finden, ihn zu erspüren und zum Leben zu erwecken, ist jetzt meine Hauptaufgabe.

20. Mai

Beispiel 1: Negative Eigenschaft → dominant. Was kann XY **(Person)** so besonders gut? Welchen positiven Kern finde ich in Dominanz? Mögliche Antworten: selbstsicher, kann leicht Entscheidungen treffen, Mittelpunktrolle, ist stark, steht zu sich … und so weiter und so fort.

21. Mai

Beispiel 2: Negative Eigenschaft → dominant. Welches **Tier** fällt mir dazu ein? Löwe. Was kann der Löwe so besonders gut? Mögliche Antworten: Ist der Anführer, ist stark, hat das Sagen, ist mächtig … und so weiter und so fort.

22. Mai

Beispiel 3: Negative Eigenschaft → dominant. Welche **Maschine** fällt mir dazu ein? Panzer. Was ist das Tolle an diesem Panzer? Mögliche Antworten: Ist stark, ist nicht zu übersehen, fällt auf, ist mächtig, man achtet ihn, wenn er kommt … und so weiter und so fort.

23. Mai

Beispiel 4: Negative Eigenschaft → dominant. Was fällt mir dazu ein? Welches **Ding** oder etwas anderes? Mögliche Antwort: Felsen. Was ist das Tolle an diesem Felsen? Mögliche Antworten: Überragt alles, sticht heraus, ist mächtig, man bewundert ihn … und so weiter und so fort.

24. Mai

Ganz gleich, welchen Trick ich anwende, um das Gute in einer von **mir** negativ beurteilten Eigenschaft herauszufinden, kommt unter dem Strich eine oft verblüffende Wahrheit über mich selbst heraus, die ich »Liebesbotschaft« oder »Geschenk« nennen kann.

25. Mai

Das Verwandeln negativer Eigenschaften oder Verhaltensweisen in ihren göttlichen Kern beschert mir eine Selbsterkenntnis der ganz besonderen Art, weil ich damit meinen eigenen göttlichen Kern berühre und plötzlich eine Stärke, ein Talent, einen Wesenszug oder eine Begabung von **mir** entdecke!

26. Mai

Wie kann es sein, dass ich erst über den *Umweg eines negativen Spiegelbildes* in meinem Leben zu einer positiven Selbsterkenntnis kommen kann? Antwort: Weil **ich mir selbst verbiete,** viele meiner positiven Eigenschaften auszuleben! Und dafür sind wiederum meine lieblosen Überzeugungen, meine Urteile und meine negativen Glaubenssätze verantwortlich.

27. Mai

Unter »Entschlüsseln« von negativen Spiegelbildern versteht man zweierlei:

1. Das Erkennen der wahren Botschaft, des Geschenks.
2. Das Auffinden des negativen Glaubenssatzes, der die wahre Botschaft boykottiert.

28. Mai

Ich bin jetzt vollen Herzens bereit, die von mir lieblos beurteilte Eigenschaft meines Spiegelbildes zu entzaubern. Ich finde heute ganz bestimmt das Gute darin – den positiven Kern!

29. Mai

In der Beschreibung meines aktuellen Spiegelbildes finden sich vielleicht mehrere negative Eigenschaften. Daher ist es meine Aufgabe, eine nach der anderen **mit Liebe** zu betrachten, um das Gute für mich herauszufinden.

30. Mai

Entschlüsseln macht Spaß! Eine Liste entzauberter Eigenschaften präsentiert sich mir. Nach und nach füge ich etwas hinzu und erfreue mich daran. Das alles sollen Eigenschaften, Begabungen, Talente von **mir** sein? Oh, wie schön!

31. Mai

Um die **wahre, entschlüsselte Liebesbotschaft** besser zu verinnerlichen, formuliere ich einen Ich-Satz, in dem alle gefundenen, positiven Wörter – meine Geschenke! – vorkommen. Ich bin … Ich habe … Es ist meine Begabung …

Beispiel: *dominant* verwandelt in → *selbstsicher, kann Entscheidungen treffen.*

Ich-Satz: Ich (!) bin selbstsicher und ich (!) habe die Gabe, Entscheidungen zu treffen.

Aha. **So** also hört sich eine Wahrheit über mich selbst an!

Juni

Spiegelgesetz-Methode® – Schritt 2:
Akzeptieren und Entschlüsseln
Finden des negativen Glaubenssatzes

1. Juni

Heute möchte ich meine Liebesbotschaft – den von mir gebildeten Ich-Satz – so richtig auskosten! Es ist verblüffend, was ich da über mich selbst erfahren durfte.

2. Juni

Ich frage mich, warum ich lange Zeit so viel Gutes an mir selbst nicht wahrhaben wollte? Warum wohl habe ich Eigenschaften unterdrückt, die zu meinen Stärken zählen? Warum tat ich so, als hätte ich nichts zu sagen? Warum fühlte ich mich als Opfer der von mir beschriebenen Situation? Darüber will ich heute einmal gemütlich nachdenken.

3. Juni

Anwender/Anwenderinnen der Spiegelgesetz-Methode® unterscheiden **nicht** zwischen Tages- und Unterbewusstsein. Sie anerkennen ein Bewusstsein als Ganzes. Und in diesem einen Bewusstsein gibt es auch Bereiche (Urteile, Verbote, lieblose Überzeugungen, negative Glaubenssätze …), die »weiter hinten« im Schatten liegen.

4. Juni

Dem Leben ist es gleichgültig, ob ich bewusst einen Gedanken fasse oder ob es sich zum Beispiel um ein »unbewusstes« negatives, nie beachtetes Urteil handelt (um meines!), das ich in meinen Gedanken hege und pflege, es wird immer danach streben, **meine** geistigen Inhalte in Summe (!) zu verwirklichen. Und deshalb ist es wahr, dass ich mich immer nur selbst gespiegelt sehen kann.

5. Juni

Es sind die Schattenbereiche in meinem Geist, die mich daran hindern, viele meiner Stärken, Talente und Begabungen auszuleben. Solange ich diese negativen Überzeugungen bejahe, kommen viele guten Eigenschaften von mir zu kurz!

6. Juni

Ich habe jetzt die Chance, jene lieblose Überzeugung zu finden, mit der ich mir bis jetzt selbst verwehrte, die gefundenen positiven Eigenschaften – mein Geschenk – auszuleben, indem ich mir ein paar Fragen stelle. Zum Beispiel: »Dürfen Männer diese Eigenschaften voll zur Geltung bringen? Oder Frauen? Oder ist es generell allen Menschen verboten, sich so zu verhalten?«

7. Juni

Es ist wichtig für mich herauszufinden, wem – Männer, Frauen oder allen Menschen – diese Eigenschaften erlaubt sind und wem nicht. Warum? Weil es sich bei unseren Glaubenssätzen oft um kollektives Negativdenken handelt, das scheinbar alle Männer oder alle Frauen oder überhaupt die ganze Menschheit betrifft.

8. Juni

Heute will ich bewusst in mich hineinfühlen, um mir selbst eine ehrliche Antwort geben zu können. Wer darf die von mir gefundene Liebesbotschaft voll ausleben? Und wer nicht? Ich notiere meine Antwort.

9. Juni

Meine Selbstbefragung geht noch weiter. Ich weiß jetzt, dass es sich um (Männer, Frauen oder alle Menschen) handelt, denen es verboten ist, die von mir entzauberten, positiven Eigenschaften zu leben. Es muss sich daher um ein Verbot handeln, das ich mir selbst auferlege!

10. Juni

Was glaube ich, würde passieren, wenn ich dieses Verbot einfach übertrete? Wenn ich so tue, als wäre ich frei und niemandem Rechenschaft schuldig?

11. Juni

Wenn ich möchte, schließe ich heute in einer stillen Stunde meine Augen und stelle mir nochmals die Frage: »Was geschieht, wenn ich mich nicht länger an dieses Verbot halte? Wie ginge in dem Fall meine Geschichte weiter? Was würde im schlimmsten Fall passieren?« Ich mache mir Notizen, auch über eventuelle Bilder und Szenen, die auftauchen.

12. Juni

Es kann sein, dass mir spontan eine Situation von früher einfällt … vielleicht aus meiner Kindheit oder Jugend … so lasse ich diese Bilder vorüberziehen und mache mir bewusst, dass mir heute wesentlich mehr Alternativen zur Verfügung stehen als damals. Ich bin erwachsen und kann – ja ich soll sogar! – situationsbezogen als Erwachsene/r handeln.

13. Juni

Worte sind mächtig! Deswegen ist es immens wichtig, dass ich für mein Verbot, für mein negatives Urteil oder für meine lieblose Überzeugung **meine** Worte finde. Wie erkenne ich, dass es die richtige Formulierung ist? Ich spüre das ganz genau, indem ich die Worte ausspreche, vielleicht mehrmals, und sie in mich hineinsinken lasse.

14. Juni

Urteile und lieblose Überzeugungen, Verbote und negative Glaubenssätze können entweder allgemein formuliert werden oder ich-bezogen. Beispiel für ein (liebloses) Urteil →

allgemein:
Die heutige Jungend taugt nichts.

ich-bezogen:
Ich halte die heutige Jugend für Taugenichtse.

15. Juni

Beispiel für selbst auferlegte Verbote

allgemein:
Beim Essen spricht man nicht.
Verliebt sein ist nichts für alte Menschen.

ich-bezogen:
Während wir essen, darf ich nichts sagen.
Ich bin zu alt für die Liebe.

16. Juni

Beispiel für negative Glaubenssätze →

allgemein:
Das Leben ist ein Kampf.
Es kommt nie etwas Besseres nach.

ich-bezogen:
Ich muss um meine Existenz kämpfen.
Ich weiß, dass nichts Besseres nachkommt!

17. Juni

Verbote, Urteile, negative Meinungen und lieblose Glaubenssätze sind nichts anderes als falsche **Gedanken**, die sich in meinem Bewusstsein eingenistet haben. Und nachdem es **mein** Bewusstsein ist, bin **ich** für all diese Inhalte verantwortlich. Welch große Chance für mich!

18. Juni

Verantwortung für die eigenen bewussten Gedanken und für die eigenen, noch unerkannten lieblosen Gedanken zu übernehmen ist eine tolle Sache! Warum? Weil ich mich damit aus der »Ich-bin-ein-armes-Opfer«-Rolle befreie. Wer Verantwortung übernimmt, hat das Sagen!

19. Juni

Heute nehme ich meine Notizen zur Hand. Ich lese mit Genuss die von mir entschlüsselte, wahre Botschaft (mein Geschenk) und stelle fest: Das bin ich! Aber was hier steht, lebe ich noch zu wenig oder gar nicht aus, weil ich einem Urteil, einem Verbot oder einer lieblosen Überzeugung folge, die in meinem Leben als Erwachsene/r nichts mehr verloren hat.

20. Juni

Anwender/Anwenderinnen der Spiegelgesetz-Methode® haben das Wort »Schuld« längst aus ihrem Wortschatz gestrichen. Stattdessen übernehmen sie Verantwortung. Nicht nur für das Schöne und Angenehme in ihrem Leben, sondern für **alles**. Anwender/Anwenderinnen der Spiegelgesetz-Methode® sind sich dessen bewusst, dass sämtliche Personen, Situationen und Begebenheiten, Krankheitssymptome oder ein leeres Bankkonto deswegen konkrete Tatsachen geworden sind, weil sie die entsprechenden (negativen, lieblosen und damit falschen) Gedanken hegen und pflegen.

21. Juni

Das Herausfinden der eigenen, negativen Gedanken ist eine Angelegenheit von ein paar Minuten, weil wir sie ohnehin andauernd in einer Art Selbstgespräch wiederholen. Also warum sie dann nicht gleich laut aussprechen und Verantwortung dafür übernehmen → »**Ich will** so (negativ) denken« oder »**Ich will ein Opfer** meiner eigenen, lieblosen Überzeugungen sein.«

22. Juni

»Aha, ich denke negativ« ist keineswegs die Aussage eines »armen Opfers«, sondern die **authentische Aussage eines Menschen, dem die Kraft Gottes innewohnt.** Jeder von uns hat die freie Wahl, an der negativ behafteten Vergangenheit kleben zu bleiben oder zu vergeben. Wer stark genug ist, haufenweise negative Gedanken zu produzieren, der hat auch die Kraft, sich auf liebevolle Gedanken einzustimmen!

23. Juni

Was genau hindert mich daran, die positive Vielfalt meiner Persönlichkeit zum Ausdruck zu bringen? Wie hört sich das an? Wer oder was bestimmt (noch immer!) über mein Glück? Bin ich es etwa selbst, der/die mir das Leben schwer macht? Diese und ähnliche Fragen stelle ich mir heute und mache mir gegebenenfalls ein paar Notizen.

24. Juni

Es geht im Moment einfach nur darum, meine Befürchtungen, meine Urteile, meine negativen Überzeugungen, die ich ohnehin kenne (!), zu formulieren. Es geht darum, dazu zu stehen: »Ja, so (misstrauisch) denke ich. Ja, das (Allerschlimmste) glaube ich.« Es geht jetzt noch einmal um **meine** Akzeptanz und Punkt.

25. Juni

Nur das, was ich an mir selbst akzeptiere, was ich als zu mir gehörig annehme, **kann ich** schlussendlich **aufgeben.** Wische ich über meine negativen Gedanken drüber, bleiben sie (die lieblosen Gedanken!) bestehen. Das klingt paradox. Trotzdem ist es wahr.

26. Juni

Ich begreife immer besser, dass mein unangenehmes Spiegelbild nur deswegen vor meinen Augen ist, damit ich einen Rückschluss auf mein (falsches) Denken ziehen kann! Wie sonst wäre es mir möglich, meine lieblosen Gedanken zu erkennen, die allesamt aus früheren negativen Erfahrungen resultieren? Danke Spiegelgesetz.

27. Juni

Ich erkenne immer deutlicher, dass ich die von mir in Schritt 1 beschriebene Angelegenheit durch einen Filter betrachte! Und zwar durch den **Filter früherer negativer Erfahrungen,** die vielleicht so ähnlich abgelaufen sind! Dann ist es ja nicht verwunderlich, dass ich das Gute daran – die wahre Botschaft, mein Geschenk – nicht sofort bemerkte.

28. Juni

Ich bin dran, meinen »eigenen negativen Filter« in Worte zu fassen. Wie hört er sich an, mein liebloser Gedanke, mit dem ich mir selbst verwehrte, das Gute, das Liebevolle und somit das Positive an meinem Spiegelbild wahrzunehmen? Ich mache mir Notizen.

29. Juni

Finden des negativen Glaubenssatzes –
Zusammenfassung bis jetzt:

Ich habe mein Geschenk durch Umwandeln der mir gespiegelten, negativen Eigenschaften in den positiven Kern gefunden und damit die wahre Botschaft angenommen … aber – ich lebe sie (noch) nicht, weil ich einem negativen Glaubenssatz, einer lieblosen Überzeugung oder einem Urteil gehorche, das aus meiner Vergangenheit stammt. Diese lieblosen Gedanken sind **meine**. Damit habe ich mein aktuelles Spiegelbild hervorgerufen und das akzeptiere ich jetzt. Ich bin der/die Verantwortliche der jetzt gegebenen Situation in meinem Leben.

30. Juni

Heute nehme ich meine Notizen zur Hand. Ich bin entschlossen, meine lieblosen Gedanken aufzuschreiben. Nicht einige – sondern alle, die mir einfallen! Ich bin entschlossen, das Negative, das hier steht, in mein Herz aufzunehmen, weil es **meine** Gedanken sind und daher Teile von mir, die ich weder sehen noch akzeptieren wollte.

Juli

Spiegelgesetz-Methode® – Schritt 2:
Akzeptieren und Entschlüsseln
Finden des negativen Glaubenssatzes

1. Juli

Ich rufe mir in Erinnerung, dass sich in **jedem** unangenehmen Spiegelbild eine freudvolle Botschaft für mich verbirgt, die ich aus einem einzigen Grund nicht sogleich wahrnehmen kann: Weil ich durch eine Art trüben Schleier, der sich vor meinem Bewusstsein befindet, auf das Spiegelbild blicke. Ich schaue daher im Blickwinkel meiner eigenen, negativen Erfahrungen hin!

2. Juli

Das Spiegelgesetz ist eine großartige Hilfe für mich. Weil es sowohl ein Geschenk – die **wahre Botschaft** – wie auch **meine dagegensprechenden**, negativen Gedanken **sichtbar** für mich macht!

3. Juli

Aus jedem für mich sichtbaren, negativen Spiegelbild kann ich auf einfache Art und Weise einen Rückschluss auf meine (lieblosen) Überzeugungen, auf meine (negativen) Gedanken, auf meine (harten) Urteile, auf meine (zahlreichen) Verbote und auf meine festgefahrenen destruktiven Glaubenssätze ziehen. Genial!

4. Juli

Wie weit bin ich nun mit der Entschlüsselung meiner negativen Überzeugung(en) gekommen, die das volle Ausleben meiner bereits gefundenen Liebesbotschaft unterbindet(n)? Ich bin bereit und bestens motiviert, meine Notizen nochmals durchzusehen.

5. Juli

Meine Worte müssen stimmen. Schließlich möchte ich kein bloßes Lippenbekenntnis abgeben, sondern mich von einer negativen Überzeugung **(von meiner)** befreien, die mich hindert, bestimmte Eigenschaften von mir … Stärken! … in meinem Leben zu nützen!

6. Juli

Im innersten Kern meines Wesens bin ich vollständig und ganz. Nichts fehlt. Trotzdem kommt es mir manchmal so vor, als könne ich dieses oder jenes nicht. Warum das so ist? Weil sich mein Geist hauptsächlich an vergangenen Erfahrungen orientiert, die nicht immer positiv waren. Der mögliche Rückschluss, das (Unangenehme, Schwierige, Traurige …) müsse sich wiederholen, ist falsch!

7. Juli

Negative Spiegelbilder wiederholen sich nur so lange, bis ich bereit bin, deren **Ursprung** anzupeilen und den **stiftenden Gedanken** auszusprechen, mit dem **ich selbst** eben diese negativen Situationen hervorrufe. Aussprechen … aufschreiben … akzeptieren, indem ich den lieblosen Gedanken **(meinen)** in mein Herz aufnehme und feststelle: »Ja, das stimmt. So denke ich wirklich.«

8. Juli

Notwendig für die Anwendung der Spiegelgesetz-Methode® ist es nicht, aber wenn ich möchte, kann ich natürlich in meiner Vergangenheit nachforschen und herausfinden, woher besagter Gedanke – der negative Glaubenssatz – stammt. Es kann sich zum Beispiel durchaus um (lieblose) Worte handeln, die mein Vater, meine Mutter oder jemand anderer in meiner Gegenwart immer wieder ausgesprochen hat.

9. Juli

Kinder glauben, was ihre Eltern sagen. Ob wahr oder nicht. Ob liebevoll oder lieblos. Kinder lieben ihre Eltern bedingungslos. Und deswegen akzeptieren sie grundsätzlich deren Meinung. Die meisten unserer negativen Glaubenssätze spiegeln daher die **Geisteshaltung unserer Ahnen** wider – nicht unsere.

10. Juli

Als Kind hatte ich keine Möglichkeit, die Glaubenssätze meiner Eltern zu hinterfragen. Heute als Erwachsene/r steht es mir frei auszusortieren. Welche Aussage meines Vaters, meiner Mutter oder einer anderen Person stimmt heute wirklich noch für mich und welche nicht? Meine Antworten bringen mich 1. ein großes Stück näher zu mir selbst und 2. zu den stimmigen Worten meines negativen Glaubenssatzes, dem ich schon auf der Spur bin.

11. Juli

Auch Redewendungen oder Sprichwörter mit negativem Inhalt sind Glaubenssätze, die in meinem Leben sichtbare Wirkungen zeigen, wenn ich sie bejahe. Beispiel: *»Was Hänschen nicht lernt, lernt Hans nicht mehr.«* Auf mich übertragen heißt das: »Was ich als Kind nicht gelernt habe, kann ich als Erwachsene/r nicht nachholen.« Und das ist falsch!

12. Juli

Auch negative Werbespots können zu massiven Glaubenssätzen heranwachsen – die dann meine sind! - wenn ich sie gutheiße. Beispiel: *»Fetthaltige Nahrungsmittel machen dick und krank.«* Auf mich übertragen heißt das: »Wenn ich meinen Gusto auf ein köstliches Butterbrot stille, werde ich dick und krank.« Und das ist falsch!

13. Juli

Alles, was ich mir freien Herzens erlaube und wozu ich wahrhaftig stehe, kann mir nicht schaden.

14. Juli

Es sind meine Verbote und meine zentrierten Gedanken auf den Mangel … auf das Negative … auf das vermeintlich Schädliche … auf die unsichtbare Gefahr … mit denen ich mir selbst schade. Es sind meine nie hinterfragten lieblosen Überzeugungen … meine negativen Glaubenssätze … meine unversöhnlichen Gedanken, die mir Spiegelbilder bescheren, die ich letztendlich als meinen eigenen Willen erkennen muss …

15. Juli

Heute nehme ich meine Notizen zur Hand und formuliere sie zu stimmigen Sätzen. Jedes noch so negative Wort ist erlaubt. Ich will nichts beschönigen, sondern ehrlich sein und mein negatives Urteil, meine lieblose Überzeugung und/oder meinen negativen Glaubenssatz auf ein leeres Blatt Papier schreiben.

16. Juli

Um mir das Annehmen meiner **bereits gefundenen**, negativen Überzeugungen zu erleichtern, könnte ich heute einen Aufsatz schreiben, in dem möglichst oft »Ich will das so« vorkommen soll. Der heilsame Trick dabei ist folgender: Je übertriebener ich meine Sätze formuliere, desto klarer wird mir die Schädlichkeit meiner eigenen Gedanken und umso leichter fällt es mir später, sie endgültig und für immer aufzugeben!

17. Juli

Beispiel eines absichtlich **übertriebenen Akzeptanzaufsatzes**, der die eigenen, negativen Glaubenssätze hervorkehrt und diese letztlich ad absurdum führt:

Negativer Glaubenssatz (Beispiel) → Nur wer leidet, ist liebesfähig.

Ich will leiden. Ja, das stimmt. Ich suhle mich gerne im Leid. Denn je mehr ich leide, umso liebesfähiger bin ich! Ich will viele Situationen in meinem Leben, die mich zum Weinen bringen. Ja, das will ich wirklich. Ich bin auf der Welt, um zu leiden. Ich bin hier, um irgendwann lieben zu können – und das geht nur über unsagbares Leid … und so weiter und so fort.

18. Juli

Christa Kössner wurde schon öfter gefragt, warum man sich bei Anwendung der Spiegelgesetz-Methode® (Schritt 2) so intensiv mit dem eigenen negativen Denken befassen muss, wo man doch damit am liebsten nichts mehr zu tun hätte! Antwort: Weil das Aufgeben (Schritt 3) negativer Gedanken, Glaubenssätze, Überzeugungen ... **nur** über die vorherige vollständige und aufrichtige Akzeptanz funktioniert.

19. Juli

Anstelle von »Akzeptanz« könnte ich auch das Wort »Erkenntnis« nehmen. Ich könnte sagen ... aha, ich **erkenne** meine eigenen, negativen Gedanken ... und ich **spüre/fühle**, was ich mir damit selbst antue ... Will ich tatsächlich so weitermachen? Ja oder nein? *Jein, vielleicht, weiß nicht* ... gilt nicht!

20. Juli

Die ganz Mutigen unter uns könnten sogar noch einen Schritt weiter gehen, indem sie ihre gefundenen negativen Gedanken, ihre lieblosen Glaubenssätze, ihre Verbote und Urteile **lieben.** Wie geht das? Indem ich mir bewusst mache, dass all die »bösen« Worte auf meinem Notizzettel **meine** sind, erkenne ich, dass **ich** das bin. Was da steht, **gehört jetzt** (noch!) **zu mir.** Affirmation: **Ich mag mich, so wie ich jetzt bin. Ich liebe alles an mir, auch mein Mangeldenken, meine Ängste und mein geringes Wertgefühl, weil das alles** (jetzt noch) **die Wahrheit über mich selbst ist.**

21. Juli

Die Spiegelgesetz-Methode® ist einfach anzuwenden und funktioniert immer. Eines darf ich allerdings nicht: Meinen gefundenen negativen Glaubenssatz ignorieren und flugs zu *Schritt 4 = Neue Idee* übergehen. Warum? Weil **alles** von mir anerkannt, ausgesprochen, akzeptiert und **geliebt** werden möchte – ganz besonders meine geheimsten und bösesten Gedanken!

22. Juli

Zum leichteren Akzeptieren der eigenen, lieblosen Überzeugungen gibt es (außer dem übertriebenen Aufsatz, wie oben) noch andere Tricks: Ich könnte **meinen negativen Gedanken Gestalt verleihen** und sie zum Beispiel als **Märchen- oder Fantasiefiguren sehen.** Lieblose Überzeugungen (Beispiel) →

1. Die heutige Jugend ist schlecht.
2. Opel-Fahrer sind rücksichtslos.

1. Robin Hood.
2. Don Quichotte.

In meinen Gedanken treibt sich Robin Hood herum. Auch Don Quichotte taucht manchmal auf. Die zwei benehmen sich nicht gerade vorbildlich, manchmal schaden sie mir erheblich! Weil sie jedoch ***zu mir*** *gehören, ist das jetzt einmal okay für mich.*

23. Juli

Eine weitere Möglichkeit, die mir die Akzeptanz meiner lieblosen Gedanken ermöglicht: **abwägen**. Und zwar das Gewicht, die Bürde, die Last.

Lieblose Gedanken (Beispiel) →

1. Ich bin eine unscheinbare, graue Maus.
2. Ich bin zu dumm für diesen Job.

1. Wie schwer wiegt dieser **(mein!)** Gedanke in Kilogramm? Antwort: ___________
2. Wie viele Kilogramm hat dieser **(mein!)** Gedanke? Antwort: _____________

Nun packe ich die zwei von mir geschätzten Lasten (anhand von Büchern, Steinen etc.) in zwei Schachteln, Taschen, Boxen, Rucksäcke … hebe sie auf, trage sie ein Stück und schließe mit den Worten: »Ja, das will ich mir antun.«

24. Juli

Meinem gefundenen, lieblosen Glaubenssatz könnte ich auch mit **Farben und Stiften Gestalt verleihen.** Indem ich mich inbrünstig auf all das Negative einlasse, das auf meinem Notizzettel geschrieben steht, gebe ich meiner malenden oder zeichnenden Hand grünes Licht!

25. Juli

Wie sieht es heute mit der Selbstliebe aus? Kann ich mich als Ganzes mögen? Bringe ich es fertig, nicht nur mein Können und meine Erfolge zu schätzen, sondern auch meine Schattenseiten – die negativen Glaubenssätze, die lieblosen Überzeugungen, die harten Urteile, die vielen Verbote – als Teile von mir anzunehmen?

26. Juli

Heute geht es noch einmal um Selbstliebe. Was fällt mir ein, das mich ein großes Stück näher zu mir selbst bringt? Was könnte ich tun, außer meiner inneren Bereitschaft? Es geht darum, mich samt meinen negativen Gedanken ein letztes Mal zu umarmen.

27. Juli

Heute wähle ich bewusst eine von mehreren Möglichkeiten, meinen gefundenen, negativen Glaubenssatz zu verinnerlichen und anzunehmen: *Akzeptanzaufsatz, Märchen- oder Fantasiefiguren, Abwägen oder Zeichnen/Malen,* mache mich ans Werk und nehme mir ausreichend Zeit dafür.

28. Juli

Auch am heutigen Tag möchte ich mich noch einmal mit meinen negativen Gedanken beschäftigen … meinen Akzeptanzaufsatz lesen … oder meine Fantasiegestalten streiten lassen … oder den bepackten Rucksack tragen … oder mein Bild betrachten bzw. ergänzen.

29. Juli

Ich stimme mich allmählich darauf ein, meinen lieblosen Glaubenssatz zu verabschieden. Erstens ist meine Ehrlichkeit wichtig: »**Will ich weiterhin so denken?** Will ich das immer noch glauben? Und damit Ereignisse in mein Leben holen, die mir schaden?«
Zweitens brauche ich meine Entscheidung: »Ja oder Nein?« *Jein, weiß es nicht oder vielleicht* funktionieren nicht!

30. Juli

Ein aufrichtiges Ja →
»Ja, ich will mir noch Zeit lassen mit meinem negativen Glaubenssatz, ich möchte ihn noch behalten« ist besser als ein halbherziges Nein →
»Nein, das tue ich mir nicht mehr an (und insgeheim → obwohl ich mir absolut nicht vorstellen kann, dass das Aufgeben von negativen Gedanken so einfach ist!«) **Nur ich** kann wissen, ob ich Ja oder Nein meine. Also richte ich mich danach.

31. Juli

Ich habe bereits sehr viel geschafft! Ich habe mein »Geschenk« – die wahre Botschaft – entschlüsselt und ich habe die dagegensprechenden, lieblosen Gedanken – meine negativen Glaubenssätze – gefunden und akzeptiert, weil ich sie als Teile von mir erkennen durfte. Deswegen erkläre ich den heutigen Tag zum **Belohnungstag!**

August

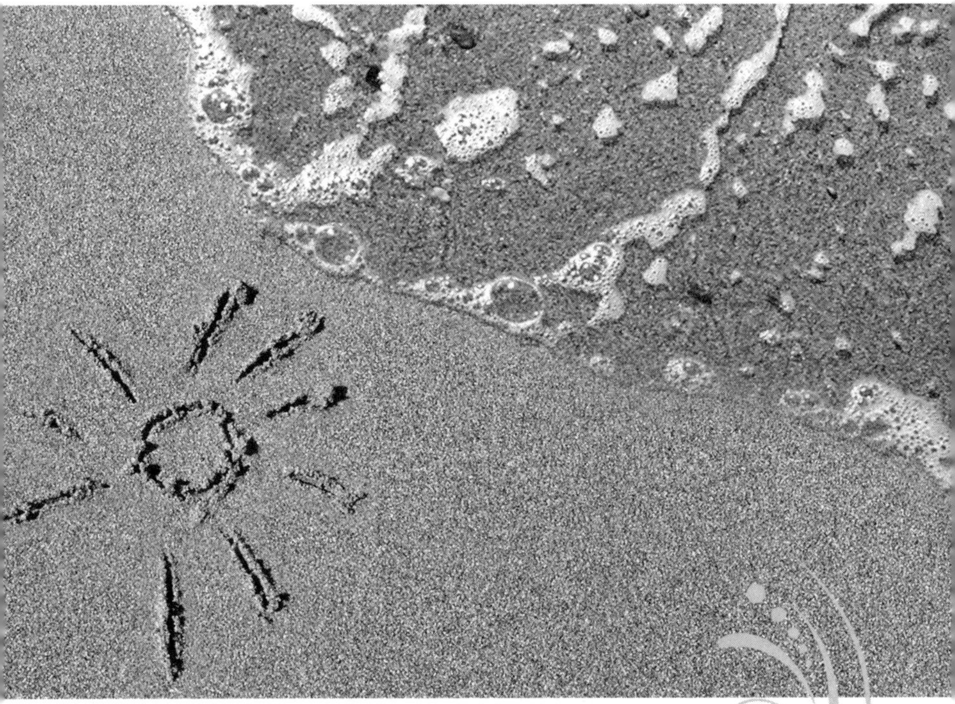

Spiegelgesetz-Methode® – Schritt 3: Danken

1. August

Zum Auffinden negativer Überzeugungen, die sich als dementsprechende Tatsachen im eigenen Leben spiegeln, gibt es den (oft sehr langen) Weg über (manchmal bittere) Erfahrungen oder den Weg einer Sofortselbsterkenntnis anhand der Spiegelgesetz-Methode®, die es uns ermöglicht, sich wiederholende, unangenehme Erfahrungen im Licht der Liebe zu sehen und sie in Folge dessen aus unserem Leben auszuklammern.

2. August

Ich bin dankbar, dass ich in einem für mich unangenehmen Spiegelbild, das ich beschrieb, die wahre Botschaft – mein Geschenk! – erkennen durfte.

3. August

Danke für mein Geschenk, das ich durch Umwandeln negativer Eigenschaften und Verhaltensweisen, die mir mein Spiegelbild zeigte, gefunden habe! Ich weiß jetzt, welche Wesenszüge **von mir** in meinem Leben zu kurz kamen, und wenn ich möchte, kann ich das ändern.

4. August

Ich habe mich auf die Suche nach meinen eigenen, lieblosen Gedanken gemacht … bin nach innen gegangen … habe hinterfragt und geprüft … nicht locker gelassen! Und deswegen danke ich mir heute selbst für meinen Mut und für meine Beharrlichkeit.

5. August

Danke für meine Intuition. Sie hilft mir immer, wenn mein Verstand mit seinen Weisheiten am Ende ist. Gott ist immer da. Höchste Weisheit steht mir zur Verfügung und eine Riesenportion Liebe!

6. August

Mein ganz großer Dank gilt der göttlichen Führung, weil es mir möglich war, meinen negativen Glaubenssatz (meine lieblose Überzeugung, mein Verbot, mein Urteil …) zu akzeptieren. Ich habe es geschafft, meine eigenen negativen Gedanken **zu mir zurückzunehmen**, anstatt Schuldige im Außen zu suchen.

7. August

Danke, dass ich mich nicht mehr als Opfer einer Situation fühlen muss!

8. August

Danke, dass ich mich immer besser als der/diejenige erkennen darf, der/die die Zügel in der Hand hat. Ich anerkenne jetzt, wer in meinem Leben Regie führt. **Ich bin das** – mit Gott an meiner Seite.

9. August

Meine Dankbarkeit kann ich in vielerlei Varianten ausdrücken. Bestimmt kommt mir dabei meine Kreativität zugute. Ich könnte zum Beispiel ein Gebet sprechen oder einen Dankesvers reimen. Ich könnte aber auch heute eine »gute Tat« vollbringen, sei sie in meinen Augen auch noch so klein oder unbedeutend.

10. August

Nicht nur für meinen gefundenen lieblosen Glaubenssatz bin ich dankbar, sondern für vieles mehr, das mir aus Gewohnheit kaum noch auffällt, weil ich es zu gering schätze oder als Selbstverständlichkeit hinnehme. Mit dieser Thematik möchte ich mich heute beschäftigen und vielleicht ein paar Notizen dazu machen.

11. August

Meine persönliche **Dankesliste**.

Beispiel: Danke für →

… alle Erkenntnisse, die ich gewinnen durfte

… meine Konsequenz und für meinen Mut

… meine Intuition und Gottes Begleitschutz

… mein Zuhause

… meine Eltern, meinen Partner, meine Kinder

… meine Augen, Hände, Füße

und so weiter und so fort.

12. August

Dankesgebet.

Beispiel:

Ich bin jetzt bereit, meine lieblosen Gedanken in Gottes Hände zu übergeben.

Möge der Heilige Geist seine goldenen Flügel darüber ausbreiten, auf dass Heilung für mich und alle Beteiligten geschehe.

Danke für höchsten Begleitschutz von ganzem Herzen.

13. August

Mit einer **»Guten Tat«** danke sagen.

Beispiele:

- *Kleine Überraschung für einen Freund ausdenken und in die Tat umsetzen.*
- *Freundliche Worte für den Nachbarn, den Tankwart, die Marktfrau …*
- *Brief an den Partner/die Partnerin schreiben und ihm/ihr einfach für sein Dasein danken.*
- *Zimmerpflanzen umtopfen, düngen, gießen, streicheln.*
- *Eine Stunde lang oder mehr bewusst auf keppeln, nörgeln, jammern etc. verzichten.*
- *Jemandem vergeben und damit die alte (»böse«) Geschichte ein für alle Mal vergessen.*
- *Einen schon länger aufgeschobenen Anruf tätigen.*

Und so weiter und so fort.

14. August

In Schritt 3 der Spiegelgesetz-Methode® geht es letztlich darum, die eigenen Negativgedanken (ein bestimmtes, aktuell gespiegeltes Thema betreffend) zu verabschieden. Das bedeutet zweierlei:

a. Abschied nehmen – und zwar für immer – kann ich nur von jenen Gedanken, die ich zuvor in mein Herz aufgenommen habe, weil sie (wenn auch negative) **Teile von mir** sind.

b. Abschied nehmen – und zwar für immer – gelingt, wenn ich aufrichtig dankbar dafür bin.

15. August

Meine Dankbarkeit setzt jenen Magnetismus in Kraft, der heilsame Lichtungen in mein Bewusstsein bringt. Infolgedessen können Wunder in meinem Leben passieren.

16. August

Jedes ehrliche Dankeschön meinerseits bewirkt, dass ich noch mehr von dem bekomme, wofür ich dankbar bin.

17. August

Habe ich mir eigentlich selbst schon gedankt? Wüsste ich etwa im Moment gar nicht wofür? Mit diesen Fragen will ich mich heute in aller Ruhe auseinandersetzen und der sanften Stimme meiner Seele zuhören.

18. August

Zurück zu meinem gefundenen und mittlerweile akzeptierten, lieblosen Glaubenssatz, mit dem **ich selbst** verhinderte, mein Wesen in einem ganz bestimmten Punkt voll und ganz auszudrücken. Und deswegen **danke ich heute meinem Spiegelbild**. Aufgrund seiner auffälligen, perfekten Spiegelung durfte ich mich erkennen und sehen, in welchem Punkt **ich** mein Potenzial missachte.

19. August

Ich bin sehr dankbar für meine Talente und Begabungen! Natürlich auch für jene Eigenschaften, die ich hinlänglich als selbstverständlich abtue. So quasi »Ach, das kann doch jeder!« oder »Dass ich dieses oder jenes locker schaffe, ist doch nichts Besonderes.«

20. August

Bewusst möchte ich heute nochmals dafür danken, dass ich den Sprung »Heraus aus der Opferrolle« geschafft habe. Danke für diese **(meine!)** enorme Verwandlung.

21. August

Ich bin geliebt für das, was ich bin. Nicht für das, was ich tue oder leiste. Danke.

22. August

Ich darf alles. Trage selbstverständlich die Konsequenzen und bin dafür geliebt. Danke.

23. August

Allmählich stimme ich mich darauf ein, meine lieblosen Gedanken, meinen negativen Glaubenssatz und sämtliche dazugehörigen Notizen für immer zu verabschieden. Ich bin jetzt dazu bereit. Und für diese innere Bereitschaft und für meinen Glauben, dass ich es wirklich will und auch kann, bin ich zutiefst dankbar.

24. August

Heute bereite ich mir selbst eine kleine Freude als Zeichen der Dankbarkeit für all die vielen kleinen und großen Schritte, die mir bis dato mit der Spiegelgesetz-Methode® gelungen sind. Auch könnte ich mich allmählich auf mein ganz persönliches Abschiedsritual einstellen, das schon greifbar vor mir liegt.

25. August

Wie könnte mein Dankes- und Abschiedsritual aussehen? Möchte ich meine Notizen im Kreise von Freunden verbrennen? Oder lieber alleine hinaus in die Natur wandern und meine Zettel an einem schönen, passenden Ort vergraben? Ich lasse meine Ideen heute sprießen und wirken.

26. August

Vielleicht trage ich heute ein paar Utensilien zusammen, die ich für den dritten Schritt der Spiegelgesetz-Methode® → *Danken und Aufgeben*, brauche. Eine Schale oder einen Topf zum Verbrennen, eine kleine Schaufel, Zünder … auch will ich meine persönlichen Dankesworte formulieren, die ich bei meinem Ritual zu Gott und zu mir selbst sprechen werde.

27. August

Wofür könnte ich noch dankbar sein? Ich wähle den heutigen Tag, um darüber nachzusinnen und zu horchen, was aus meinem tiefsten Innersten auftaucht. Vielleicht gibt es ja etwas in meinem Leben, wofür ich noch nie gedankt habe? Wenn ja, ergänze ich meine Dankesliste.

28. August

Ich freue mich und bin sehr dankbar für meinen guten Willen, lieblose Meinungen, Urteile, Verbote und negative Überzeugungen nun endgültig aus meinem Bewusstsein verabschieden zu dürfen!

29. August

Alles liegt bereit. Auf mein Verabschiedungsritual habe ich mich vorbereitet, so gut und aufrichtig ich konnte. Ich will mein Bestes geben! Danke.

30. August

Wie könnte ich heute meine innere Dankbarkeit durch eine spontane Tat bekräftigen?

Vielleicht möchte ich einen Freund mit einem selbst gekochten Essen überraschen? Oder meine Eltern, Geschwister oder andere Verwandte einfach so zum Kaffeeplausch einladen? Möchte ich mir heute vielleicht selbst ein Dankesgeschenk überreichen?

31. August

Entspannungstag. Freunde treffen … relaxen … was auch immer!

September

Spiegelgesetz-Methode® – Schritt 3: Aufgeben

1. September

Das Verabschieden negativer Glaubenssätze ist leicht. Im Grunde handelt es sich bloß um einen Entschluss, um eine **klare Entscheidung in Richtung Liebe.**

2. September

Gedanken sind geistiger Natur. Deswegen kann das endgültige Loslassen negativer Gedanken, Meinungen, Überzeugungen, Glaubenssätze, Urteile … ebenfalls nur im Geist geschehen. Der Abschied von **meinen** negativen Gedanken ist daher nichts anderes als eine simple und logische Angelegenheit, die sehr viel mit Liebe zu tun hat.

3. September

Es ist ein **Zeichen wahrer Liebe** zu Gott und zu mir selbst, wenn ich mich entschließe, meine negativen Glaubenssätze zu entlassen.

4. September

Ich kann meine lieblosen Gedanken aufgeben … oder loslassen … ich kann sie auch wegfliegen lassen … oder in Luft auflösen … Ganz gleich, welche Bezeichnung mir davon am besten gefällt, kommt es letztlich darauf an, dass ich sie **vergesse**!

5. September

Negative Überzeugungen ein für alle Mal zu vergessen, ist leicht …
wenn ich damit aufhöre →
darüber zu reden,
darüber nachzugrübeln,
zu analysieren
oder nach dem »Warum« zu fragen.
Vergessen gelingt hundertprozentig mit folgendem Rezept:

- 1 Portion Selbstliebe mit Gott im Herzen
- 1 Portion Selbstdisziplin
- 1 imaginäre Stopp-Tafel im Herzen
- und der »Zauberformel … und PUNKT«
  (gleichnamiges Buch, Ennsthaler Verlag)

6. September

Das Aufgeben liebloser Überzeugungen ist ein **Akt der Vergebung,** mit dem ich **mich selbst** und **alle daran Beteiligten** von geistigen Altlasten und Seelenmüll **befreie.**

7. September

Es gibt nichts »aufzuarbeiten« … nichts noch einmal »zu durchleben« … bestenfalls weiß ich dann, *warum* ich so lieblos zu mir selbst bin und *warum* ich in bestimmten Punkten negativ denke. Aber das ändert noch immer nichts an meinen Lebensumständen!

8. September

Das Spiegelgesetz ist allgegenwärtig und es stimmt immer. Daher habe ich immer jenes Thema in dementsprechenden Tatsachen und Menschen sichtbar vor Augen, das vielleicht schon seit Jahrzehnten von mir geheilt werden möchte. Ich brauche nicht zurückzugehen in meine (schlimme) Kindheit oder eine frühere Inkarnation… wenn ich bereit bin, **jetzt** auf die Liebesbotschaften meiner Spiegelbilder zu achten!

9. September

Das Spiegelgesetz ist klar und logisch, denn es gibt nur das JETZT. Die Vergangenheit ist vorbei, die Zukunft noch nicht da. Wenn ich also **jetzt** einem unangenehmen Spiegelbild begegne, kann ich es **jetzt** heilen, indem ich mir das Gute – mein »Geschenk« – daraus hole, meine dagegensprechenden, lieblosen Überzeugungen akzeptiere und diese mit einem herzenswarmen Entschluss aufgebe.

10. September

Das Aufgeben meiner negativen Gedanken ist eine clevere Sache, weil ich damit als Regisseur meiner Lebensumstände verhindere, dass mir in Hinkunft noch einmal dasselbe (Unglück) passiert. Ich darf in jeder Minute meines Lebens auf höchste Weisheit und Liebe bauen!

11. September

Bin ich innerlich bereit für den Abschied? Habe ich mir selbst die Erlaubnis dafür geschenkt? **Darf ich** meine lieblosen Gedanken, meine Urteile und Verbote wirklich für immer wegfliegen lassen? Spüre ich ein liebevolles Ja in mir?

12. September

Heute möchte ich dem Entschluss, meine negativen Glaubenssätze zu verabschieden, ein großes Stück näher kommen, indem ich mich auf die **Erlaubnis dazu** einstimme und mich vorab dafür bedanke.

13. September

Ich ordne heute meine Notizen und lese meinen Akzeptanzaufsatz zum letzten Mal. Auch möchte ich meine lieblosen Glaubenssätze auf die Stimmigkeit meiner Wortwahl überprüfen. Habe ich **wirklich jene** (abscheulichen, harten) **Worte** aufgeschrieben, die in meinem Geist herumspuken?

14. September

Heute mache ich mir noch einmal bewusst, wie mächtig Worte sein können! Immerhin rufe ich mit meinen Worten dementsprechende Tatsachen in mein Leben. Worte sind »vertonte« Gedanken. Wenn ich nun meine lieblosen Gedanken aufgeben möchte, müssen **die** (negativen) **Worte auf dem Zettel,** den ich verbrennen oder anders verabschieden werde, exakt **mit meinen geheimsten** (negativen) **Gedanken übereinstimmen.**

15. September

Habe ich schon meine Entscheidung getroffen, wo, an welchem Ort ich Abschied nehmen möchte? Und **wie** (welchem Element) ich meine negativen Überzeugungen dem Universum zur Auflösung überlassen werde? Vier Möglichkeiten stehen mir zur Verfügung:

Wasser	Papierschnitzel in einem Fluss, See oder im Meer wegschwimmen lassen
Feuer	Zettel in einer Feuerschale, Blumentopf oder am Lagerfeuer verbrennen
Erde	Zettel im Wald, in einer Wiese, in den Dünen oder in der Wüste vergraben
Luft	Zettel auf Sylvesterrakete binden und in den Himmel schießen

16. September

Im Grunde ist das Aufgeben negativer Überzeugungen **ab dem Moment meiner aufrichtigen Akzeptanz** bereits vollzogen. Das Abschiedsritual ist dann bloß eine symbolische Tat dazu und ein Beweis dafür, dass ich es wirklich ernst meine.

17. September

Möchte ich einen lieben Menschen zu meinem Abschiedsritual einladen? Um sowohl meinen Entschluss und meine Dankesworte mit ihm zu teilen, wie auch die Freude über das vielleicht mir noch unbekannte Freiheitsgefühl danach!

18. September

Geteilte Freude ist doppelte Freude! Abschiedsrituale im Kreise lieber Menschen, die sich an den Händen halten, während alles Negative verbrennt oder davonschwimmt, in der Erde verschwindet oder zu den Sternen fliegt, können zu einem unvergesslich berührenden Erlebnis werden!

19. September

Freude verbindet! Je mehr Menschen sich darüber freuen, während sich negative Glaubenssätze, lieblose Überzeugungen, harte Urteile oder strenge Verbote symbolisch in nichts auflösen, desto spürbarer wird für alle Anwesenden, **worauf es ankommt:** auf die **Liebe** zu uns selbst im **Vertrauen** auf jene Macht, die wir **Gott** nennen.

20. September

Mit Gott wird alles leichter, was vordem schwierig oder gar unlösbar schien. Gemeinsam mit Gott zu handeln bedeutet auf einfache Weise ausgedrückt → … **mit** Liebe zu denken und **mit** Liebe zu handeln. Mein Motiv ist also Liebe! Weil es wahrhaftig **liebevoll mir selbst gegenüber** ist, wenn ich meine negativen Gedanken ein für alle Mal der Liebe … Gott … dem Universum … überlasse.

21. September

Was tun, wenn trotz meines guten Willens hin und wieder negative Gedanken auftauchen, obwohl ich sie bereits mit einem Dankesritual verabschiedet habe? Welche Möglichkeiten habe ich dann? Mit dieser Thematik möchte ich mich heute beschäftigen.

22. September

Destruktive Gedanken kann ich genauso leicht verschwinden lassen, wie sie auftauchen,
indem ich eine der folgenden Möglichkeiten wähle →

- mich sofort davon ablenke und mich **auf eine simple Tätigkeit voll konzentriere** (Apfel schälen, einkaufen gehen, einen Anruf tätigen, staubsaugen oder Ähnl.)
- mir **bewusst mache**, dass ich mir selbst keine Angst mehr einjagen möchte, weil ich mich wertschätze, achte und liebe
- eine **höhere Macht anrufe** … Gott, das Universum, Engel … und um Befreiung bitte
- **erkenne**, dass ich ein menschliches Wesen bin, das eben noch nicht perfekt ist
- mir **Mut zuspreche**, dass ich es locker schaffe

23. September

Sollten sich nach einem Abschiedsritual wiederum negative Überzeugungen bemerkbar machen, könnte ich das sehr wohl auch als »Prüfung« ansehen: »Bin ich wirklich entschlossen genug, mich von meinen eigenen destruktiven Gedanken zu befreien? Spricht noch immer etwas dagegen? Und wenn ja, was?«

24. September

Eine wahre Begebenheit:

John hatte das Papier mit seinen negativen Glaubenssätzen auf eine Sylvesterrakete gebunden, die nach der Zündung im Feuerwerk unzähliger Raketen hoch zum Himmel flog. Kurz danach platschte etwas neben John auf den Boden, das seine Aufmerksamkeit erregte: Es war tatsächlich ***seine*** *Rakete! Der nahezu unverbrannte Zettel war nicht zu übersehen.*

Was sagt mir diese Geschichte?

25. September

Das Aufgeben negativer Überzeugungen darf kein bloßes Lippenbekenntnis sein. Auch »brav« formulierte Sätze, die an der Oberfläche des Verstandes gebildet werden, funktionieren nur halb. Wie in diesem Buch schon öfter erwähnt, kommt es auf die eigenen, stimmigen und höchst ehrlichen Worte an, die wahrhaftig ausdrücken, wie (lieblos, schlecht, böse ...) der/die Betroffene zu einem bestimmten Thema denkt.

26. September

Eine wahre Begebenheit:

Mary hatte ihre lieblosen Glaubenssätze während eines Seminars im Kreise der anderen verbrannt, also endgültig verabschiedet. Drei Wochen später klingelte Christa Kössners Telefon. Mary war dran: »Bitte Christa hilf mir! Kannst du mir sagen, welchen negativen Glaubenssatz ich aufgegeben habe? Ich kann mich absolut nicht mehr daran erinnern!«

Was sagt mir diese Geschichte?

27. September

Die Gewohnheit, negativ zu denken, kann sich als überaus zähe Angelegenheit entpuppen: Gewohnheiten, welcher Art auch immer, sind uns weit mehr vertraut als ein kleiner, entschlossener Schritt in eine neue Richtung.

28. September

Heute entscheide ich Ort und Uhrzeit für mein Abschiedsritual, das ich morgen durchführen werde. Alles, was ich dazu brauche, lege ich in Vorfreude bereit.

29. September

Mein Abschiedsritual.

30. September

Entspannungstag! Belohnungstag! Heute will ich mein Freiheitsgefühl auskosten und feiern!

Oktober

Spiegelgesetz-Methode® – Schritt 4:
Neue Idee

1. Oktober

Der Vergleich eines menschlichen Bewusstseins mit einem riesengroßen Speicher, welcher mit abertausenden Inhalten vollgefüllt ist, liegt nahe. Der Vergleich eines solchen »Inhalts« mit einer Seifenblase liegt vielleicht ebenso nahe. Kunterbunt kugeln diese geistigen Seifenblasen im Speicher durcheinander und übereinander. Manche befinden sich ganz tief unten, andere an der Oberfläche.

2. Oktober

Wenn wir nun eine solche »Kugel« herausgenommen haben, nachdem wir vorher deren Inhalt (Urteil, lieblose Überzeugung, negativer Glaubenssatz) angesehen, akzeptiert und verabschiedet haben, ergibt sich logischerweise ein freier Platz. Dort, wo ehemals eine dunkle Kugel ansässig war, befindet sich jetzt ein Vakuum.

3. Oktober

Es steht mir frei, zu denken und zu glauben, was ich will. Keiner schreibt mir in diesem Punkt etwas vor außer (selten, manchmal, öfter, immer) ich selbst.

4. Oktober

Als Schöpfer von Tatsachen in meinem Leben liegt demnach das Denken in **meiner** Verantwortung! Und in meiner Bereitwilligkeit, über dieses oder jenes **anders** zu denken.

5. Oktober

In meinem Geist existiert jetzt ein freier Platz, der darauf wartet, von mir gefüllt zu werden. Ich darf mir etwas Neues ausdenken! Am besten etwas, das mich rundum erfreut und mein Herz zum Jubeln bringt! Danke.

6. Oktober

Mein höheres Selbst (Gott) wünscht sich nur eines von mir: Dass ich **glücklich** bin!

7. Oktober

Ich wurde von Gott mit großer Macht ausgestattet, denn ich habe die Freiheit, zu denken, was ich will. Meine Gedanken rufen dazupassende Tatsachen in mein Leben. Und deswegen ist es eine gute Sache, wenn **meine neuen Ideen aus dem Herzen** kommen.

8. Oktober

Es gibt sehr wohl Sprachgewohnheiten, die uns »kleiner« machen, als wir sind, sobald wir sie aussprechen und bejahen:

Bescheidenheit ist eine Zier.

Lieber den Spatz in der Hand als die Taube auf dem Dach.

Und ähnliche.

9. Oktober

Sprichwörter können zu **konstruktiven, neuen Ideen** werden, indem wir unsere Gedankenkraft gebrauchen und sie nach unserem Gutdünken verändern:

Bescheidenheit ist Vergangenheit.

Innerer Reichtum ist eine Zier.

Ich schätze den Spatz in der Hand und die Taube auf dem Dach.

Möchte ich vielleicht mit diesen Sätzen ein bisschen weiterspielen?

10. Oktober

Schritt 4 der Spiegelgesetz-Methode® möge also eine »Neue Idee« sein, und zwar **meine** individuelle Idee! Um diese Idee – die nichts anderes ist als ein frisch geborener Gedanke – zu (er)finden, brauche ich niemanden. Meine Herzenswünsche kenne ich selbst doch am besten!

11. Oktober

Je nachdem, wie »groß« oder »klein« ich mir den freien Platz in meinem Bewusstsein vorstelle, kann mein neuer Gedanke eine große Vision sein oder ein (in meinen Augen) kleiner Wunsch, der sich bis jetzt noch nicht erfüllte. Es steht mir genauso frei, mich auf zwei oder mehrere neue Ideen zu konzentrieren. Kurzum – für den vierten und letzten Schritt gibt es keinerlei fixe Vorschriften.

12. Oktober

Vielleicht beginne ich heute damit, meine neuen Ideen in Rohform zu notieren. Ein Brainstorming meines Herzens sozusagen, in Form einer Liste, wobei ich mein Augenmerk hauptsächlich auf den Inhalt lenke und weniger auf die Formulierung achte.

13. Oktober

Am heutigen Tag möchte ich meine Ideen-Liste prüfen und ergänzen sowie eine »Rangordnung« der Wichtigkeit herausfiltern. Es kann nämlich sein, dass mich beim wiederholten Durchlesen ein Gedanke besonders berührt, wenn ich an dessen Verwirklichung denke. Das wäre dann meine »Neue Idee« Nummer 1.

14. Oktober

Das Leben, Gott, die höhere Intelligenz … **versteht und liebt mich auf jeden Fall!**

Ich brauche mir daher keine Gewissensbisse anzuheuern, weil →

… meine Liste viel länger geworden ist, als ich dachte

… meine Idee Nummer 1 in Augen anderer Personen ☹ ist

… ich keine Übung im Formulieren habe

… ich noch nicht an deren Erfüllung glauben kann

oder Ähnliches …

15. Oktober

Meine kleine Bereitwilligkeit, (positiv, liebevoll, groß, frei …) zu denken, **genügt!**
Die Perfektion der Verwirklichung – das WANN und das WIE – darf ich getrost dem lieben Gott überlassen. Danke.

16. Oktober

Neue Gedanken verwirklichen sich besonders leicht, wenn wir sie mit Liebe aufladen. Es geht also hauptsächlich um jenes herzerfrischende Gefühl, das meine neuen Ideen begleitet! **Je mehr Freude und Liebe** ich beim Aussprechen meiner Gedanken empfinde, desto **kräftiger und rascher wirken** sie in meinem Leben.

17. Oktober

Heute will ich meine bereits notierten, neuen Ideen punkto »Herzensstimmigkeit« überprüfen, um herauszufinden, wo eventuell noch ein Schubs Liebe fehlt. Welcher meiner neuen Gedanken fühlt sich total stimmig an? Und wo fühle ich noch Unsicherheit, ob ich die Verwirklichung meines Gedankens tatsächlich wert bin?

18. Oktober

Manche sprechen von Magie und meinen damit das Gesetz der Resonanz und der Anziehungskraft. **Meine** ganz persönliche Wellenlänge, die ich aussende, ist in Summe ausschlaggebend dafür, welche Spiegelbilder sich in meinem Leben zeigen.

19. Oktober

Irgendwo auf dieser Welt trifft meine Wellenlänge auf jemanden oder etwas, der/das eine Affinität dazu hat – eine sehr ähnliche oder gar gleiche Ausstrahlung! Und dann beginnt die höhere Liebesintelligenz zu wirken. Nicht umsonst heißt es im Volksmund: *Gottes Wege sind unergründlich!*

20. Oktober

Meistens ist es so, dass wir unsere eigene Wellenlänge nicht genau einschätzen können. Eines aber stimmt immer: Je fröhlicher ich bin und je mehr ich alles wertschätzen kann, was derzeit in meinem Leben ist, desto höher schwinge ich.

21. Oktober

Bei Schritt 4 der Spiegelgesetz-Methode® kommt es demnach nicht nur auf meine gedanklichen Schöpfungen an, sondern auf den **Level meiner Liebesfähigkeit.** »Wie sehr bin ich bereit, die Folgen (Manifestationen) meiner neuen Ideen zu lieben? Kann ich mich heute schon in diese Situationen hineinversetzen und spüre ich dabei ein Glücksgefühl in meinem Herzen?«

22. Oktober

Neue Gedanken formuliere ich am besten kurz und in der Gegenwartsform. Und zwar so, als hätten sie sich bereits verwirklicht. Beispiele:

Sanft:	Ich erlaube mir … Ich darf jetzt …
Stärker:	Von Tag zu Tag mehr … Immer besser gelingt es mir …
Stark:	Ich bin … Ich habe … Ich kann … Ich will …

23. Oktober

Nachdem es mir freisteht, welche neuen Gedanken ich denken möchte oder welchen Wunsch ich als neue Idee forme … habe ich mehrere Möglichkeiten!

Ich kann mir zum Beispiel auch **selbst eine gedankliche Stütze geben**, die mich froh stimmt und stärkt!

Beispiel:

Sanft:	Ich darf jetzt mein Bedürfnis nach … stillen.
Stärker:	Es gelingt mir von Tag zu Tag besser, mein Bedürfnis nach … zu stillen.
Stark:	Ich befriedige ab jetzt mein Bedürfnis nach … jeden Tag!

24. Oktober

Um andere, erfreuliche Spiegelungen in meinem Leben zu erfahren, würde es auch schon genügen, wenn ich mich **kontinuierlich auf ein Wort** konzentriere. Beispiele:

Frieden – Zufriedenheit – friedlich
Liebe – liebevoll
Freiheit – frei
Reichtum – reich
Glück – glückselig – glücklich

oder andere

25. Oktober

Das, worauf ich mich **gedanklich konzentriere** und wie ich mich dabei **fühle … verwirklicht sich** in meinem Leben. Wenn ich es gleichzeitig schaffe, im Vorfeld dankbar dafür zu sein, brauche ich auf die ersten Spiegelbilder nicht lange zu warten.

26. Oktober

Meine Lebensumstände liegen an mir! Weil es darauf ankommt, was und wie ich denke.

27. Oktober

Unbewusstes Denken gibt es nicht. Wenn vom Unterbewusstsein gesprochen wird, handelt es sich doch meistens um eine nicht verziehene Angelegenheit, die gedanklich und gefühlsmäßig heute noch präsent ist. Wenn aber etwas »präsent« ist, kann nicht mehr von Unbewusstheit gesprochen werden!

28. Oktober

Meine **neuen Ideen** formen nicht nur meine Lebensumstände, sondern auch **das Bild, das ich von mir selbst habe** und das ich tagtäglich in die Welt hinaus sende!

29. Oktober

Die Anwendung der Spiegelgesetz-Methode®, insbesondere der dritte Schritt, hat sehr viel mit **Vergebung** zu tun. Weil wir damit einen lieblosen Glaubenssatz verabschieden (= vergeben und vergessen), der an ein leidvolles Erlebnis von früher geknüpft war. Indem wir uns davon mit aufrichtigen Dankesworten in einem Ritual verabschieden, wird der Weg in die persönliche Freiheit geebnet.

30. Oktober

Gibt es etwas, das ich mir selbst noch nicht verziehen habe? Was werfe ich mir noch immer vor? Wofür fühle ich mich schuldig? Stelle ich mich für jemanden als Sündenbock zur Verfügung? Mit diesen und ähnlichen Fragen möchte ich mich heute auseinandersetzen, bevor ich mich wiederum meinen neuen Ideen zuwende.

31. Oktober

Monatszusammenfassung:

Ich bin bei Schritt 4 der Spiegelgesetz-Methode® angelangt und freue mich darauf, neue Gedanken zu formen, die mir erfreuliche Spiegelbilder bescheren. Es ist mir bewusst, dass sich meine Gedanken verwirklichen. Gott gab mir diese schöpferische Kraft, damit ich sie für mein und aller Lebewesen Wohl gebrauche, die ich liebe. Danke.

November

Spiegelgesetz-Methode® – Schritt 4:
Neue Idee

1. November

Neue Ideen sind nichts anderes als neue Gedanken, die wir in unserem Geist kreieren. Mit neuen Gedanken rufen wir dementsprechende Spiegelungen (=Tatsachen) in unser Leben und verwandeln damit unsere Lebensumstände.

2. November

Neue Ideen sind vorerst nur Geistesblitze, die wir am besten in selbst gewählten Worten formulieren. Damit diese Geistesblitze zu tief verankerten Überzeugungen heranwachsen können, ist es meine Aufgabe, sie so oft wie möglich zu fördern!

3. November

Es gibt mehrere Möglichkeiten, mit neuen Gedanken spielerisch leicht umzugehen! Man stelle sich ein neugeborenes Kind vor. Es muss tagtäglich gefüttert und umsorgt werden. Man hebt es hoch und spielt mit ihm, man liebkost es! Dieses kleine Kind wird **zum Wichtigsten** im Leben. Analog dazu könnte ich mit meinen neuen Gedanken umgehen.

4. November

In Schritt 4 der Spiegelgesetz-Methode® geht es darum, neue Ideen ins Leben zu rufen und **dafür zu sorgen**, dass diese letztendlich zu **fundamentalen Glaubenssätzen** werden. Das gelingt, wenn ich mich damit voller Freude beschäftige – ähnlich wie mit einem neugeborenen Kind.

5. November

Neue Gedanken kann man auf bunte Karten schreiben oder auf Fotos … man kann ein Gedicht daraus machen … oder ein Lied dazu texten … Neue Gedanken lassen sich auch gut als Zeichnung darstellen oder in einem selbst gemalten Bild ausdrücken. Wie auch immer – das **Wichtigste daran ist mein Beschäftigen** damit!

6. November

Heute will ich meine Notizen hernehmen und mich meinen neuen Ideen widmen. Es kommt dabei auf **meine stimmige Formulierung** an … sanft … stärker … stark? Also werde ich verschiedene Wortgruppen ausprobieren und mich dann für **meine (!) herzensstimmigen Sätze** entscheiden.

7. November

Beispiele für neue Ideen

Thema: **Selbstsicherheit, Selbstvertrauen**

Sanft: Ich darf alles und bin dafür geliebt.

Stärker: Von Tag zu Tag sicherer, handle ich nach meiner Intuition.

Stark: Gott und ich sind eins.

8. November

Beispiele für neue Ideen

Thema: **Gesundheit, Wohlbefinden**

Sanft: Ich darf ab jetzt mehr für meine Gesundheit tun.

Stärker: Es gelingt mir immer besser, auf mein Wohlbefinden zu achten!

Stark: Ich bin gesund und fühle mich wohl!

9. November

Beispiele für neue Ideen

Thema: **Anerkennung, Leistung**

Sanft: Ich darf meine Leistungen anerkennen und stolz darauf sein.

Stärker: Ich erlaube mir ab sofort finanzielle Anerkennung meiner Leistungen.

Stark: Meine Leistungen sind hoch dotiert!

10. November

Beispiele für neue Ideen

Thema: **Wertgefühl steigern**

Sanft: Gott gibt mir meinen Selbstwert jeden Tag. Danke.

Stärker: Von Tag zu Tag mehr wächst mein Selbstwertgefühl!

Stark: Ich bin es wert, glücklich (gesund, reich …) zu sein!

11. November

Beispiele für neue Ideen
Thema: **Reichtum, Wohlstand**

Sanft:	Ich darf wohlhabend sein! Danke.
Stärker:	Es gelingt mir immer besser, Reichtum zu verwirklichen.
Stark:	Ich bin in jeder Hinsicht reich!!

12. November

Beispiele für neue Ideen
Thema: **Liebe**

Sanft:	Das Wunder der Liebe erwacht jetzt sanft in meinem Herzen.
Stärker:	Ich bin bereit zu lieben … mich selbst und alles rundherum.
Stark:	Ab jetzt will ich Liebe ins Zentrum meines Lebens stellen!

13. November

Beispiele für neue Ideen
Thema: **Beruf, Karriere**

Sanft: Ich darf mit meinen Fähigkeiten Karriere machen. Danke!
Stärker: Eine höhere Position rückt für mich immer näher!
Stark: Ich bin der Boss.

14. November

Beispiele für neue Ideen
Thema: **Partnerschaft**

Sanft: Ich verdiene ein glückliches Leben mit (m)einem Partner, mit (m)einer Partnerin.
Stärker: Wir kommen uns jeden Tag ein Stück näher … danke!
Stark: Ich bin glücklich mit dir! Danke, dass es dich gibt.

15. November

Beispiele für neue Ideen
Thema: **Talente, Hobby**

Sanft:	Ich trau mich jetzt drüber, was soll schon passieren?
Stärker:	Gott gab mir Talente, damit ich sie nütze und mich daran erfreue!
Stark:	Ich will von ganzem Herzen meinem Hobby frönen!

16. November

Beispiele für neue Ideen
Thema: **Zeit**

Sanft:	Ich darf täglich 10 Minuten (halbe Stunde oder mehr) für mich selbst verbrauchen.
Stärker:	Es gelingt mir immer besser, meine persönliche Auszeit einzuhalten!
Stark:	Ich habe Zeit in Hülle und Fülle!

17. November

Beispiele für neue Ideen
Thema: **Wunscherfüllung**

Sanft:	Ich darf meine Wünsche äußern und dazu stehen.
Stärker:	Die Erfüllung meiner Wünsche liegt in Gottes Hand.
Stark:	All meine Wünsche sind bereits erfüllt! Danke.

18. November

Vielleicht möchte ich heute meine eigenen, neuen Ideen in die Endfassung bringen? Ich könnte sie zum Beispiel nach meinem Gutdünken mit den vorgeschlagenen Ideen vergleichen und sehen, welche **für mich stimmigen** Sätze sich dann herauskristallisieren.

19. November

Ich schreibe meine neuen Gedanken auf schöne Fotos oder bunte Kärtchen, die ich bequem in meiner Geldbörse oder in einem Etui unterbringen kann. Meine neuen Ideen mögen mich überallhin begleiten! Und sollte ich mal den Wortlaut kurzfristig vergessen, dann genügt ein kurzer Blick in meine Hand- oder Hosentasche.

20. November

Manche Leute schreiben ihre neuen Ideen als Bildschirmschoner auf den Computer. Andere verwenden bestimmte Klingeltöne oder Musik von ihrem Handy, um sich alle zwei (drei, vier, fünf …) Stunden an ihre neu geborenen Gedanken zu erinnern! Christa Kössner schreibt ihre neuen Ideen seit nunmehr 17 Jahren in »Schatzbücher«. Bücher mit schönen Einbänden und vielen leeren Seiten, die nicht nur zum Schönschreiben einladen, sondern auch zum Zeichnen, Verzieren, Bekleben und Bemalen.

21. November

Heute mache ich mir Folgendes noch einmal bewusst:

- Gott gab mir die Vollmacht zum Denken.
- Gott gab mir die Freiheit zu denken, was ich will.
- Gott mischt sich in meine Gedanken nicht ein.
- Gott weiß, dass ich Kraft meiner Gedanken bestimmte Erfahrungen mache.
- Gottes Weisheit, Güte und Liebe begleiten mich immer und überallhin.

22. November

Es kann sein, dass manch neu geborener Gedanke trotz scheinbar stimmiger Formulierung nicht wirklich förderlich für mich ist. Das kommt manchmal vor. Und zwar dann, wenn mein kleines Ich (=Ego) partout etwas möchte, das mein großes, wahres Ich (das identisch ist mit bedingungsloser Liebe) absolut nicht gutheißen kann. Sollte das bei mir irgendwann der Fall sein, brauche ich mir deswegen keine Sorgen zu machen. Weil Gott dann liebevoll einschreitet und alles wieder ins rechte Lot rückt.

23. November

Den heutigen Tag lasse ich voll und ganz offen. Ich bin bereit, mich überraschen zu lassen!

24. November

Seit sehr vielen Tagen begleitet mich die Spiegelgesetz-Methode® und ich habe schon einige Wunder an mir selbst vollbracht. Dafür möchte ich mich heute belohnen!

25. November

Wunder geschehen, wenn **ich** mich nicht »einmische«, heißt es im Buch »Ein Kurs in Wundern«. Wunder geschehen, wenn ich mein Herz und meine Sinne offenhalte – für mich selbst und alles Lebendige rundherum.

26. November

Wunder geschehen, wenn ich meine lieblosen Überzeugungen verabschiede und meinen Geist auf neue, liebevolle Gedanken ausrichte, die mich im Urgrund meines Herzens berühren! Hier bin ich jetzt. Beim vierten und letzten Schritt der Spiegelgesetz-Methode®.

27. November

Je größer ich mir den freien Platz in meinem Geist vorstelle und je befreiter ich mich fühle, desto »größer« (fundamentaler … grenzenloser … usw.) könnte meine neue Idee – mein neuer, liebevoller Gedanke – sein. Vielleicht habe ich sogar mehrere negative Glaubenssätze gefunden und verabschiedet? Dann steht es mir frei, analog dazu mehrere neue Ideen ins Leben zu rufen, deren Verwirklichung mein Leben bereichert!

28. November

Zu jedem neuen Gedanken bestimme ich jetzt ein Datum, das ich auf das Kärtchen, das Foto oder sonstwo dazuschreibe. Exakt bis zu diesem Tag löse ich folgendes **Selbstversprechen** ein: Ich vollbringe eine kleine Tat, ich tue etwas, das zu dieser neuen Idee passt!

29. November

Beispiel für ein einzulösendes Selbstversprechen:

Neue Idee (neuer Gedanke) → *Ich erlaube mir jetzt, meine Meinung zu äußern!*

Bis zum Tag X (Datum einsetzen) nehme ich an einer (kleineren) Gesprächsrunde oder (größeren, öffentlichen …) Diskussion teil, um dort meine Meinung zum Thema X zu äußern.

30. November

Ich freue mich über meine neu gefassten Gedanken! In aufrichtiger und konsequenter Bereitschaft sorge ich dafür, dass sich diese Gedanken im Urgrund meiner Seele verankern und zu stiftenden Glaubenssätzen heranwachsen. **Mögen mir meine neuen Ideen leicht und rasch so allgegenwärtig sein wie mein Name und mein Geburtsdatum.** DANKE.

Dezember

Zusammenfassung

1. Dezember

Spiegelgesetz-Methode® – Schritt 1 = BESCHREIBEN
Das aktuelle, störende Spiegelbild wurde kurz und möglichst in Eigenschaftswörtern **beschrieben** →
Wie ist die Person und was tut sie? Wie ist mein Symptom und was tut es mit mir? Wie verhält sich meine Katze und was tut sie? Wie beschreibe ich meinen Autoschaden? Meinen defekten Computer?
Die Frage nach dem »Warum« stellt sich bei der Spiegelgesetz-Methode® nie!

2. Dezember

Spiegelgesetz-Methode® – Schritt 2 = AKZEPTIEREN und ENTSCHLÜSSELN
Das aktuelle, störende Spiegelbild wurde **akzeptiert** →
Ich brauchte genau diese Person, diese Krankheit, diese Katze, diesen Autoschaden, diesen Computerdefekt … um eine Wahrheit über mich selbst zu erfahren!
Das aktuelle, störende Spiegelbild wurde **entschlüsselt** →
Erster Schritt: Finden des »Geschenks«, der wahren Botschaft.
Zweiter Schritt: Finden der dagegenwirkenden, negativen Überzeugung.

3. Dezember

Spiegelgesetz-Methode® – Schritt 3 = DANKEN und AUFGEBEN

Danken →

Ich dankte meinem Spiegelbild. Ich dankte Gott, dem Leben, der Liebe … für die gewonnene Selbsterkenntnis.

Aufgeben →

Ritual, Abschied.

4. Dezember

Spiegelgesetz-Methode® – Schritt 4 = NEUE IDEE

Wo ehemals negative Überzeugungen festsaßen, pflanzte ich neue, liebevolle Gedanken in meinen Geist, die sich bald in meinem Leben an konkreten Tatsachen zeigen.

Ab hier bis 31. Dezember →

»Goldene Lebensregeln«

aus den Schatzbüchern von Christa Kössner

5. Dezember

Ich bin auf der Welt, um glücklich zu sein!

6. Dezember

Ich darf alles und bin dafür geliebt.

7. Dezember

Gott und ich sind eins.

8. Dezember

Gott ist mein Finanzexperte.

9. Dezember

Gott ist meine Partnervermittlung.

10. Dezember

Ich habe in jeder Hinsicht Erfolg! Danke.

11. Dezember

Ich mag mich, so wie ich bin.

12. Dezember

Ich stehe zu meinen Gewohnheiten. Sie machen mir Spaß!

13. Dezember

Ich genieße es jedes Mal mehr, im Mittelpunkt des Interesses zu stehen.

14. Dezember

Ich lebe meine Talente und Fähigkeiten voll aus!

15. Dezember

Danke für wahre Zufriedenheit im Urgrund meiner Seele.

16. Dezember
Ich muss nichts tun … danke.

17. Dezember
Ich bin von liebevollen, aufrichtigen Menschen umgeben.

18. Dezember
Ich mache es mir leicht!

19. Dezember
Ich lasse mich finden.

20. Dezember

Meine Gedanken und meine Gefühle sind ein erfolgreiches Team.

21. Dezember

Ich habe immer die Macht, mich zu entscheiden.

22. Dezember

ICH gebe allem die Bedeutung, die es für mich hat.

23. Dezember

Liebe ist unfähig, irgendetwas zu verlangen …

24. Dezember

Sobald mir etwas negativ vorkommt, erkenne ich Gottes Hand darin.

25. Dezember

Ich vertraue darauf, dass Gott alles richtigstellt.

26. Dezember

Im Spiegel der Gegebenheiten
darf ich **mich** erkennen …

27. Dezember

Niemand außerhalb von mir kann mir etwas erlauben oder verbieten.

28. Dezember

Meine Intuition kommt von Gott.

29. Dezember

Es fällt mir leicht zu vergeben!

30. Dezember

Ich lebe so, wie ich will.

31. Dezember

Wunder geschehen in meinem Leben. Danke.

Noch mehr neue Ideen ...

(Affirmationen) findest du auf meinen **Spruchbild-Postkarten** (im Set 24 Stück), im **Glaubenssatz-Spiel** sowie im **Freizeitspiel.** Auch der **Erfolgsreport** bietet viele neue Ideen und zeigt Beispiele auf, in denen sich die Spiegelgesetz-Methode® bewährt hat (alle erschienen im Ennsthaler Verlag).

Die 4 Schritte ...

der Spiegelgesetz-Methode® findest du, leicht nachvollziehbar beschrieben, in meinem Buch **Die Spiegelgesetz-Methode®** (Ennsthaler Verlag).

Kontakt

Wenn du mit der Autorin Kontakt aufnehmen möchtest, wende dich an den Verlag oder besuche ihre Homepage
http://members.vienna.at/koessner

oder schreibe eine E-mail an:
ckhappy@vienna.at

Bildnachweis

Seite 9: © Frenk_Danielle Kaufmann
Seite 21: © JCVStock
Seite 33: © .shock
Seite 47: © Trevor Slauenwhite
Seite 59: © Martin Helmrich
Seite 73: © Trout
Seite 89: © Arnd Hertel
Seite 107: © Michael Nivelet
Seite 121: © Rebel
Seite 135: © Rebel
Seite 151: © Michaela Carl
Seite 167: © GTF

Alle Abbildungen entnommen von: www.fotolia.com

Christa Kössner – weitere Titel

Schlüssel zum Glücklich-Sein
ISBN 978-3-85068-768-3, 112 Seiten, gebunden

Die Spiegelgesetz-Methode®
ISBN 978-3-85068-579-5, 112 Seiten, broschiert

Der Spiegelgesetz-Methode®-Erfolgsreport
ISBN 978-3-85068-726-3, 180 Seiten, broschiert

Meine Krankheit spiegelt mich
ISBN 978-3-85068-594-8, 112 Seiten, broschiert

Mein Auto spiegelt mich
ISBN 978-3-85068-578-8, 152 Seiten, broschiert

Mein Haustier spiegelt mich
ISBN 978-3-85068-112 Seiten, gebunden

Machos, Tussis, Nervensägen im Job?
ISBN 978-3-85068-621-1, 168 Seiten, broschiert

Mein göttliches Kind
ISBN 978-3-85068-620-4, 136 Seiten, broschiert

Erzählungen vom lieben Gott
ISBN 978-3-85068-606-8, 72 Seiten, gebunden

Das Glaubenssatzspiel
ISBN 978-3-85068-614-3, Kartenset mit 120 Karten

Das Freizeitspiel
ISBN 978-3-85068-727-0, 208 Seiten, inkl. 80 Spielkarten

Spiegelgesetz-Methode® - CD
ISBN 978-3-85068-698-3, Hörbuch: Laufzeit ca. 74 min

Spruchbilder
24er-Set: ISBN 978-3-85068-725-6, Postkartenformat

Thomas Kössner · Zauberformel »… UND PUNKT!«
ISBN 978-3-85068-679-2, 136 Seiten, broschiert